JN039928

がみるみる落ち着く
分間の「教室語り」100

名言、エピソードで綴る

山中伸之
Yamanaka Nobuyuki

明治図書

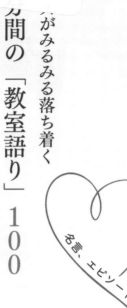

イントロダクション

1分間の「教室語り」で、子どもの心を整えよう

これからの学級経営においては、「教室語り」が大きな効果をもたらすのではないかと思っています。「教室語り」とは、名言やエピソードなどを交えたお話を先生が語ることで、子どもたちに大切なことを伝えようとするものです。

昨今は、基本的な生活習慣や学習習慣が十分に身についていない子どもたちが増え、規範意識も低下してきています。社会全体が、子どもたちと先生は対等だと考えるようになり、叱ることが子どもたちの自尊心を傷つけるとみなされるようになりました。その結果、子どもたちの不適切な行動が増えても、叱ることには慎重にならざるを得ません。

そのような状況で、子どもたちを指導し成長させるためには、子どもたちの心に響くお話を、繰り返し伝えていくことが有効だと考えられます。「教室語り」は、これからの学級経営の大きな力になるでしょう。

「教室語り」を有効に活用していただけるよう、「教室語り」のポイントをいくつかあげてみたいと思います。

1　先生の語りたいように語る

まず、「教室語り」は、先生自身が語りたいように語ることが、なんといっても大事です。

本書の文章を読んで、その通りに語ろうとすると、どうしても元の文章に合わせようと、意識してしまいます。すると、子どもたちに語りかけるという意識がやや薄れてしまうでしょう。上の空で話しているようなことにもなりかねません。

心に響く語りとは、話の内容がすばらしいということも必要かもしれませんが、それ以上に、語る人の気持ちが入っているということが重要です。名優はレストランのメニューを読み上げて聞き手を泣かせることができるそうです（実際に、バラエティ番組が実験をしたこともあります）。うまく語ろうとするのではなく、本気で語ろうとする方が、子どもたちの心に響くでしょう。

本書の文章を参考にしつつも、細かいところにはあまりこだわらず、先生が思ったように気持ちを込めて語ってみてください。語っていくうちに、先生ご自身のリズムや抑揚や間が身についていくでしょう。

2　語る時期や場は柔軟に考える

本書では、1年間を見通して、いつ、どのような場面で、どのような「教室語り」をするかを、月ごとに配列しています。例えば、

○4月

・タイトル「いつも意識するのが目標」

・場面「目標を意識することの大切さを伝えたい場面で」

といった具合です。

しかし、ここに示された「教室語り」を行う時期は、必ずこの時期でなければならないというわけではありません。学校によって、地域によって、学級や子どもたちの状況によって、別の時期に語った方がよい場合もあると思います。そこは先生の判断で、よりよい時期に活用してください。

また、場合によっては、授業参観後の保護者会で保護者に語ったり、地域の集まりで地域の方々に語ったりすることもできると思います。少し文章を変えれば、学級通信や学年だよりに掲載することもできるのではないでしょうか。

3　同じエピソードも異なる視点で語れる

もう1つ、柔軟に考えていただきたいことがあります。それは、語る場面です。前項で述べたように、本書では語る時期と場面を示していますが、必ずしもその場面でしか語れないということではありません。別の場面で語ることもできます。

もちろん、その場合はエピソードだけを用いることになります。例えば、前項で例にあげた「教室語り」には、次のようなエピソードが含まれています。

江戸時代、貝原益軒は自身が大事にしていた牡丹を、弟子に不注意で折られてしまったが、彼は牡丹は楽しむために植えたので、牡丹のことで怒るのは目的が違うからと、弟子を怒らなかった。

このエピソードは、目的を常に頭に入れておくことの大切さを伝えるために用いていますが、このエピソードを別の視点から見ることもできます。例えば、不注意からの失敗を許す度量をもつ、正直に話すことの大切さ、自分自身を律することができる人になる、などです。

このように、視点を変えて見ることで、いろいろな場面で語ることができます。

4　詳しく知ると豊かに語れる

本書の「教室語り」のエピソード部分は、紙幅の都合や1分間という設定上、かなり簡潔に書かれています。もちろん、子どもたちにも聞いてわかるように留意していますので、そのまま語っていただいても大丈夫なのですが、子どもたちの実態によっては、多少かみ砕いて語っていただいた方がわかりやすくなる場合もあると思います。

先生方の判断で、説明を加えたり間を取ったり繰り返したりして、よりわかりやすくなるように語っていただけますと、子どもたちの心により響く語りになると思います。

その際に、エピソードの内容を深く知っていると、語りがより豊かになり、子どもたちの関心も高まるでしょう。「教室語り」の中のエピソードにはそれぞれ出典がありますので、ゆとりがあれば本を読んだりネットで検索をしたりして、少し詳しく知ることをおすすめします。

本書は年間を通じて先生方にお役立ていただけるものと思っています。本書をお手元に置かれて、そのときその場に応じた「教室語り」を行っていただき、よりよい学級づくりに生かしていただければ幸いです。

もくじ

クラスがみるみる落ち着く 1分間の「教室語り」100

April 4

July 7

September 9

November 11

クラスがみるみる落ち着く

1分間の「教室語り」100

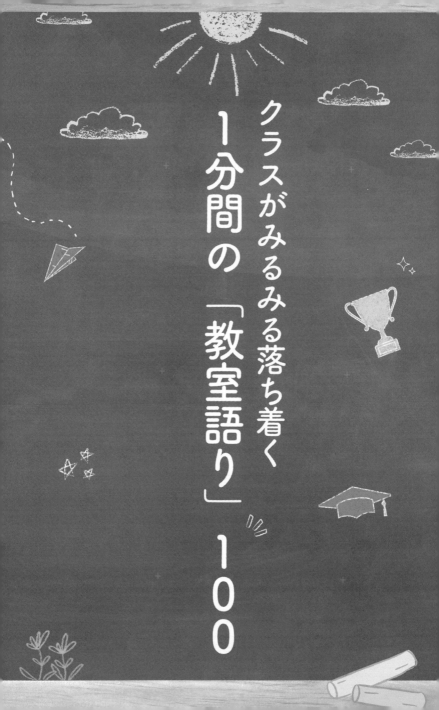

April 4

対象 低学年 中学年 高学年

自ら出会いを求め、生かしてほしいことを伝えたい場面で

出会いは自分から求めるもの

新しい学年になり、新しい学級になりました。

今まで仲のよかった友達と別れてしまった人もいるでしょうし、また同じ学級になれた人もいるでしょう。どちらの人にとっても、新しい学年が始まるこの時期は、新しい友達と出会えるチャンスです。ぜひ、新しい友達をつくってほしいと思います。

新しい友達ができると、新しい気づきがあったり新しい遊びができたりして、もっと楽しくなると思いますよ。そう考えると、新しい学年が始まるこの4月は、生活をもっと楽しくするチャンスでもありますね。

では、新しい友達をつくるにはどうすればよいのでしょうか。特に何もしなくても、友達は自然にできることがありますが、自分から行動すれば、友達もできやすくなります。難しいことではありません。**自分から声をかけるだけ**です。昨日見たテレビの話でもいい

し、使っている文房具の話でも、好きなグッズの話でも、何でもよいのです。**大切なのは、声をかけて友達になろうとする「気持ち」**です。

江戸時代の有名な学者で本居宣長という人がいます。勉強に励んでいた若いころ、賀茂真淵という立派な学者に会いたいといつも思っていました。ある日、本屋さんに行くと、主人が「先ほど賀茂真淵先生が来た」と教えてくれました。宣長はどうしても会いたいと思い、町外れまで追いかけ、それでも会えないと次の宿まで追ったそうです。結局会えなかったのですが、宿屋の主人に今度先生が泊まることがあれば知らせてほしいと頼み、後に会うことができました。当時、次の宿までは30～40kmもあったそうで、それくらい強い気持ちで会いたいと思っていたから会えたのかもしれません。

皆さんが新しい友達をつくるときにも、まず友達になろうとする気持ちが大切です。何もせずに待っていては、新しい友達ができるチャンスは多くありません。ぜひ、友達になろうという強い気持ちをもって、自分から声をかけてみてください。

【参考文献】

・長山靖生『「修身」教科書に学ぶ偉い人の話』（中央公論新社）

April 4

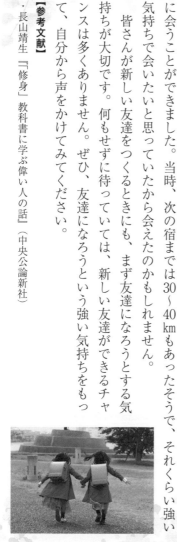

目標を意識することの大切さを伝えたい場面で

いつも意識するのが目標

対象
低学年
中学年
高学年

April 4

皆さんは今、1学期の目標を立てましたね。自分でこうなりたいと思ったり、こんなことができるようになりたいと思ったことを目標にした人が多いと思います。

ところで、目標は立てればよいというわけではありません。目標は目印でもありますから、そこに向かって進んでいくことが大切です。目標を立てただけで終わってしまっては、あまり意味がないということですね。

目標に向かって進んでいくためには、目標をよく見ていなければなりません。皆さんが立てた目標をよく見るというのは、目標を書いた紙をよく見るということではなく、その目標をいつも意識しておくということです。

私たちは、その日その時にやるべきことが決まっていますから、それに気を取られて目標を忘れてしまいがちです。そうなってしまっては目標に向かって進んでいくことはできません。**目標を忘れずにいつも意識しておくことが必要**です。

江戸時代、貝原益軒という立派な学者がいました。益軒は牡丹という花を庭に植えて、とても大切にしていました。ところが、ある日留守番をしていたお弟子さんが相撲をとっていて、益軒が大切にしていた牡丹を折ってしまったのです。2人が相当叱られると思っていると、益軒は、「牡丹は楽しむために植えたので、その牡丹のことで怒ろうとは思わない」と言ったそうです。

私だったら、とても大切にしている牡丹を遊んでいて折られてしまったのですから、その2人を叱ったと思います。でも、益軒は何のために牡丹を植えたのかということがいつも頭に入っていて、すぐに思い出すことができたのでしょう。それで、楽しむために牡丹を植えたのに、その牡丹がもとで気分を悪くするのは間違いだと気づいたのです。

こんなふうに、**いつも目標や目的を頭に入れておいて、さっと思い出すことができると、何かあったときに一番よい行動が取れる**のではないかと思います。

せっかく立てた目標ですから、少しでもそこに近づけるといいですね。

【参考文献】
・長山靖生『「修身」教科書に学ぶ偉い人の話』（中央公論新社）

目標をあきらめないことの大切さを伝えたい場面で

目標は達成するまであきらめない

対象 低学年 中学年 高学年

April 4

皆さんがこの前立てた目標が後ろの壁に貼ってありますが、自分の立てた目標を、今見ないで言えるか試してみてください。言えないという人がいるかもしれませんね。

目標を立てるときはいろいろと考えると思いますが、目標を立てて紙に書いてしまうと、1つの仕事が完了したと思って、それ以上気にしなくなってしまうことがあります。その結果、忘れてしまいます。ですから、**目標は1日1回は見直すようにするとよい**のです。

ところで、目標を達成するために必要なことは何でしょうか。毎日努力することも大切なことですね。でも、それ以上に大切なのは、「達成するまであきらめない」ということではないかと思います。

人気作家の浅田次郎さんのお話です。浅田さんは、小中学生のころにはもう将来は小説家になりたいという目標を立てていました。先輩に才能がないと言われてショックを受けましたが、憧れの作家の文章を写す修行を続けながら、いろいろな文学賞に応募を続けました。しかし、全部落選です。はじめての本が出版されたのは、なんと40歳のときでした。それまでに書いた小説は原稿用紙で何万枚にもなるそうです。

浅田さんは今では大変な人気作家です。しかし、どんなに応募しても落選が続いたときに、浅田さんが小説家になることをあきらめてしまっていたら、人気作家にはなれませんでした。あきらめなかったからこそ、人気作家になれたのです。

皆さんが立てた目標もこれと同じではないかと思います。目標を達成するまであきらめないということは、目標をいつも頭に入れておくということです。

そして、そのための努力を続けるということです。逆に言えば、**目標を達成するまであきらめないと思えば、いつも目標を意識し、そのために努力することができる**ということです。

ぜひ、目標を達成するまであきらめないという思いでがんばってみてください。

【参考文献】

・中井俊已『読むだけで「人生がうまくいく」48の物語』（成美堂出版）

見通しを立てて行動することの大切さを伝えたい場面で

対象 低学年 中学年 高学年

April 4

「見通し」を立てる

新学期になって、皆さんもいろいろとやることがあるでしょう。今までと同じこともあるでしょうし、新しくやることが増えたという人もいるかもしれませんね。例えば、登校班の班長になった人もいるでしょうし、4月から新しい習い事を始めたという人、学習塾に通い始めた人もいるかもしれませんね。家でのお手伝いが増えたという人もいるかもしれませんし、自分で何か始めたという人もいるかもしれません。

どんなことをやるにしても、1つ大事なことがあります。それは、そのことをやった後のことを考えて行動するということです。やった後のことを考えれば、前もってどんなことをやっておくとよいかとか、こんなことに気をつけておくとよいかとか、そういうことに気を配ることができます。別の言葉では「見通し」と言いますね。見通しを立てて行動するということです。**見通しを立てて行動すれば、これからやることがさらにうまくいっ**

たり、後で困ることがなかったりするものです。

これはたとえ話ですが、あるところに2人の木こりがいました。1番目の木こりは、休けいも昼休みもなく朝から夕方遅くまで精一杯木を切りました。2番目の木こりは、休けいを何度も取り、普通に木を切りました。しかし、最後に比べてみると、2番目の木こりの方がたくさん木を切っていました。どうしてかというと、2番目の木こりは、作業が忙しくても、必ず時間を取ってよく切れるように斧を磨いていたのでした。

斧を使って木を切っていれば、そのうち斧の刃も切れなくなってきますね。すると、だんだんと木を切るのに時間がかかってきます。木を切っていれば斧がだんだんと切れなくなるということを考えれば、ときどき斧の刃を磨いておくことが必要だとわかります。2番目の木こりはそれを考えていたということですね。

こんなふうに、今やることだけを考えていたのでは、物事がうまく進まないことがあります。**それをやった後のことを考え、見通しを立てて行動することで、よりよく上手に進めることができます。**そんなことを考えて行動できるようにしたいですね。

【参考文献】

・アレクサンダー・ロックハート『自分を磨く方法』(ディスカヴァー・トゥエンティワン)

April 4

April 4

対象 低学年 中学年 高学年

新しいクラスで不安になっている子を励ましたい場面で

自分で自分にほめ言葉をかける

新しいクラスになって、教室も替わり、担任も替わりました。仲のよい友達と別のクラスになってしまった人もいると思います。それは少し寂しいことでもありますね。できれば毎日を明るく元気に過ごしたいものです。

そこで今日は、明るく元気な人になれる方法を皆さんに紹介します。難しいことではありません。だれにでもできることです。どうするかというと、**いつでもどこでも自分で自分をほめる**のです。例えば、

「こんなことができるって自分はすごいなぁ」

「ここでがんばれる自分は立派だなぁ」

などと、いつでも自分をほめるのです。

作家で講演家でもある水谷さんという方のお話です。

水谷さんは、いつも明るいのでよく「どうしていつもそんなにご機嫌なのか」と聞かれるそうです。それに答えて、水谷さんはこんなことを言っています。「1人でいるとき、いつも自分に『上手!』『すごい!』『天才!』などという言葉をかけて、ときには自分に拍手までしている」と。

私たちは、どちらかというと、**自分のできないところとか、他の人に比べてうまくいかないところとかを思い浮かべてしまいがち**ですね。しかも、そういうことを何度も何度も繰り返して考えてしまいます。その結果、暗い気分になったり、元気がなくなったりすることがあります。

いつもそんな調子では、明るく元気にするのは難しいですね。そこで、そういう言葉や気持ちを思い出さないように、いつも自分をほめる言葉を自分でかけるのです。何かやったときに「私ってがんばってる!」、うまくいったときには「僕って、すごい」「天才!」などと、いろいろなプラスの言葉を自分にかけてみましょう。こうして、いつもいつも声をかけていると、いつの間にか明るく元気な人になっているかもしれませんよ。

【参考文献】

・水谷友紀子『「ご機嫌」でいれば、「奇跡」がついてくる!』(講談社)

April 4

逃げずに立ち向かうことの大切さを伝えたい場面で

心配をなくすたった1つの方法

対象 低学年 中学年 高学年

April 4

1年進級して、いろいろなことが新しくなりましたね。それで、皆さんの中には、勉強や友達関係や先生のことについて、少し心配に思っている人もいるかもしれません。ところで、どうして心配になるのか、考えたことがありますか？

実は、**これからのことがわからないと心配になってしまう**のです。よくわかっていることはそれほど心配になりません。勉強がわかるかどうかがわからないから心配になるわけです。やってみてわかってくれば、心配はなくなっていきます。それでまた新しい心配が出てくるかもしれませんが、それもまたやってみることでなくなります。

ということは、心配なことも、やってみれば心配ではなくなるということです。

心配なことがあると、そのことから逃げたくなったり、考えないようにしたくなったりするものですが、それでは心配はなくなりません。反対に、**心配なことから逃げないで、**

積極的に向かっていったり、粘り強く取り組んだりしていると、心配はなくなります。

昔の中国のお話ですが、法遠というお坊様がいました。法遠はある日、お師匠様が出かけているときに、お腹を空かせた仲間にご飯を食べさせたことでお師匠様にひどく叱られ、弁償させられたうえにお寺から追い出されてしまいました。でも、お師匠様からどんなにひどいことをされても、ずっとお寺の近くに住み続けました。その姿を見て、お師匠様は法遠のすばらしさを認め、自分の跡継ぎにしたといいます。

法遠は「何があっても食らいつく」という気持ちで、お師匠様から逃げずに向かっていったのだと思います。「この先どうなってしまうのだろう」とか、「お師匠様に許されなかったらどうしよう」とか、そんな心配をしている暇もなかったのではないでしょうか。

気になることがあると、あれこれいろいろなことを考えてしまうものです。そのために余計に心配になります。**そんな心配をする暇がないほど、そのことに積極的に向かっていき、粘り強く取り組んでみることも、心配な気持ちを乗り越えていく一つの方法**ではないかと思います。

【参考文献】
・横田南嶺『人生を照らす禅の言葉』（致知出版社）

April 4

外見よりも、大事なのは中身

4月になって、新しいクラスになりました。今までの友達と別々のクラスになってしまった人もいると思います。そういう人は少し寂しさを感じているかもしれませんね。

でも、今までの友達と別のクラスになってしまった人も、今までの友達とまた一緒になれたという人も、新しいクラスになったということは、新しい友達ができるチャンスと考えることができます。新しい友達ができることで、生活がより楽しく充実したものになるかもしれません。

ところで、**新しく友達をつくろうとすると、人はどうしても本当の自分ではない自分を出してしまいがち**です。いいところを見せよう、相手の人から好かれるようにしようと考えてしまうのですね。それが悪いことだというのではありません。だれにでもそういうところがあるものです。でも、本当の自分でないものを出していると疲れます。それに、本当の自分をわかってもらえないのは損なことなのです。

コメディアンの萩本欽一さんは、70歳を過ぎて大学に入りましたが、そこでとってもかっこいい若者に、芸能人になれるかどうか質問されたそうです。そのとき萩本さんは、芸能界の専門家というのは、人の光る部分を育てていくことに興味があるので、かっこうだけ芸能人になっている若者には興味がないんじゃないかな、と答えたそうです。

服装や髪型などの外見を真似すると、まわりの人からかっこいいと思ってもらえたり、好かれたりすると思います。でも、そうすると、その人がもともともっているすばらしい部分が、服装や髪型などの外見に隠れてしまうことがあります。それはもったいないことですね。

人にはそれぞれのよさがあります。**そのよさを輝かせるのが大切なこと**ですね。変に外見を気にしたり、自分ではないものを出したりすることはしないで、ありのままの自分を出して友達をつくってみるとよいのではないでしょうか。

【参考文献】

・萩本欽一『ダメなやつほどダメじゃない』（日本経済新聞出版社）

April 4

友達のつくり方をアドバイスしたい場面で

自分が困っているときこそ相手を思いやる

対象
低学年
中学年
高学年

April 4

皆さんは、どんな人と友達になりたいですか？

人によって違うかもしれませんが、優しさや思いやりがある人、というのは共通しているのではないかと思います。ということは、自分が優しい人や思いやりのある人になれば、それだけたくさんの人から友達になってほしいと思われるということです。ですから、まず、自分がそういう人になるのが、友達をつくるコツの1つではないかと思います。

では、どうすれば優しくて思いやりのある人だと思ってもらえるでしょうか。

相手を思いやる場面には3つあります。普段のとき、相手が困っているとき、自分が困っているときの3つです。皆さんが思いやりのある行動を取るのは、2番目の相手が困っているときが多いでしょう。それも、思いやりのある人だと思ってもらえる行動です。でも実は、3番目の**「自分が困っているときに相手を思いやる」**というのが、**最も思いやり**

のある行動なのではないかと思います。

作家でコンサルタントでもある福島正伸さんという方のお話ですが、ある人が福島さんと13時に打合せをする約束をしたところ、都合で1時間くらい遅れそうになったそうです。それで、遅れることを福島さんに電話をして謝ったところ、福島さんは、自分の手帳には14時と書いてあるからゆっくり来てくださいと言ったそうです。それで、その方は安心して向かうことができたのです。

これは、福島さんの思いやりです。実際の約束は13時だったのでしょう。でも、相手の方に心配させないように、うその予定時刻を言ったのですね。福島さんにとっては1時間も予定が狂いますから困ります。でも、そんなときでも相手の人を思いやれるなんて、すてきなことだと思いませんか。

こんなふうに、**相手の人の失敗で自分が困ることになっても、その失敗を責めずに思いやることができたら、相手の人は「なんて思いやりのある人だ」と思う**でしょう。毎日の生活の中で、このことを心に留めておくとよいと思います。

【参考文献】

・ひすいこたろう『ものの見方検定 「最悪」は0・1秒で「最高」にできる!』(祥伝社)

April 4

充実した休日のために必要なことを伝えたい場面で

休みの日をダラダラ過ごさない方法

対象
低 学年
中 学年
高 学年

May 5

　皆さんは、学校が休みの日には家でどのように過ごしていますか？　習い事があったり、スポーツの練習があったりする人もいると思いますが、そういう特別なことがない日は、何となくダラダラ過ごして、いつの間にか1日が終わってしまうことが多いのではないかと思います。

　宿題の他に自主学習に取り組んだり、家のお手伝いをしたり、何か決まっていることがあると思うのですが、いざやろうと思ってもなかなか始められないものですね。ゲームや漫画やテレビに比べて、そういうことは少し面倒ですし、大変でもありますからね。

　でも、ダラダラ過ごして1日が終わってしまうと、何となく1日をむだにしたような気分になりませんか？　また、1日をむだにしてしまったことを後悔して、何となく気分が落ち込んだりするのではないでしょうか。

そうならないようにするには、当たり前のように思えるかもしれませんが、順番通りにやることをやっていくことが大切ではないかと思います。**順番を決めて、順番通りにやっていく**のです。

皆さんもよく知っている、一休さんというお坊様のこんなお話があります。ある人が一休さんに、おめでたい言葉を書いてほしいと言ったところ、一休さんは「親死ぬ、子死ぬ、孫死ぬ」と書いたそうです。頼んだ人はこれを見て怒ってしまったそうですが、これは何事も順番通りに進むのが一番よい（＝おめでたい）という意味だったのです。

休みの日の過ごし方でも、宿題やお手伝いをやってからゲームをしたり漫画を読んだりするのが順序としてはよいのですが、これが反対になってしまったらどうでしょうか。**ゲームや漫画に夢中になってしまって、宿題やお手伝いができなくなってしまう**かもしれませんね。

お休みの日は、ぜひ順番を考えて、順番通りにやってみるとよいと思います。そうすると、１日をむだにしてしまうことがなくなると思いますよ。

【参考文献】
・廣池幹堂『人生の名言・歴史の金言』（扶桑社）

連休明けの沈んだ気分を乗り越えさせたい場面で

対象 低学年 中学年 高学年

May 5

ポーズで元気に

皆さんにも、「何となく元気が出ないな」とか、「学校に行くのがちょっと嫌だな」と思うときがあるのではないでしょうか。だれにでも気分が盛り上がって元気なときと、そうでないときがありますから、そういうことがあるのも自然なことです。

ある人が、何だか気分が盛り上がらず、ちょっとした失敗を思い出しては落ち込んでいたときに、友達に「散歩をして青空を見るといいよ」と言われたそうです。それで、あまり散歩にも行きたくなかったのですが、無理に散歩に出て青空をしばらく眺めたそうです。そうしたら、気分がだんだんと晴れてきて、元気が出たのだそうです。

人の気分や感情は、動作と結びついています。上を向く動作は気持ちが明るくなるので、上を見ながらずっと悲しんでいることはなかなかできるものではありません。**気分がプラスになるような動作をすれば、本当に気分がプラスになりやすい**ということになります。

このことを上手に使って、自分の気分を盛り上げてみましょう。これから5連休ですが、連休が終わるときは、何だか元気が出ず、「学校に行くのがちょっと嫌だな」と感じることがあるかもしれません。そんなときには、元気の出るポーズをしてみるのです。

例えば、こんな感じです。

「やった！」と両手をあげて叫び、ニコニコしてジャンプする。

「もう大丈夫！」と言いながら優しく自分の胸を手のひらでたたく。

「私ってすばらしい！」と言いながら自分で自分に拍手する。

「今日も絶好調！」と叫んで背筋を伸ばし、大きく手をあげて上を向く。

「今日はツイてる！」と、ガッツポーズする。

気分が落ち込みそうなときには、こんなことを先にやってしまうと、自分の気分も上向きになりますよ。

【参考文献】

・堀田秀吾『科学の力で元気になる38のコツ』（アスコム）

May 5

厳しさに耐えることの大切さを伝えたい場面で

対象
低学年
中学年
高学年

May 5

厳しさは愛情の裏返し

皆さんは、優しい人と厳しい人ではどちらが好きですか？

たぶん、優しい人が好きだという人がほとんどですよね。

では、皆さんの身の回りの人がみんな優しい人だったら幸せなのでしょうか？

どうでしょう。少し考えてみてください。

皆さんにも経験があると思いますが、宿題をやらなければならないとわかっていても、なかなか取りかかれないものですね。また、楽器やスポーツなどの習い事をしていると、辛い練習や時間のかかる練習は、できればやりたくないと思うのではないでしょうか。

こんなふうに、人はできれば辛いことや大変なことは、やらないで済むならやりたくないと思うのが普通です。でも、辛い練習や大変な活動によって上手になったり心が強くなったりすることもたくさんあります。

ということは、身の回りには、優しい人も厳しい人も、どちらもいた方が幸せになれるということです。**優しい面も厳しい面も、両方もっている人の方がありがたい**ということですね。

明治時代に生まれた人ですが、中村久子という人がいました。病気のために、両手のひじから先と両足のひざから先を失ってしまいました。ある日、久子の母親は手のない久子の前に着物とはさみを置いて、着物をほどかせたそうです。久子はあまりの厳しさに母をうらみましたが、やがて着物をほどいたり縫ったりできるようになり、さらに掃除も洗濯もほとんどできるようになりました。母の厳しさは久子への愛情だったのです。

この母親の厳しいしつけがなければ、久子は自分では何もできず、不幸な一生を送ったかもしれません。母親の厳しいしつけのおかげで、自分で生きていくことができました。

こんなふうに、大変なことや厳しいことは、自分の力を普段以上に大きく伸ばしてくれることがあります。また、厳しい人は大きな愛情をもっていることもあります。**大変なことや厳しいことに出合ったら、成長するチャンスだと思ってみるといいですよ。**

【参考文献】
・寺子屋モデル『日本の偉人100人（上）』（致知出版社）

努力すること、耐えることの大切さを伝えたい場面で

対象 低学年 中学年 高学年

May 5

才能の陰に努力あり

　野球やサッカーなどのスポーツをやっている人は、そのスポーツが上手になって活躍したいと思うでしょう。でも、そのための辛い練習や苦しい努力はできればしたくないと思う人も多いのではないでしょうか。また、ピアノやダンスを習っている人も、上手になりたいけれども、そのために大変な練習をするのはちょっと嫌だなと思っている人が多いのではないかと思います。

　だれでも、辛いことや苦しいことは、できればやりたくないですよね。反対に、楽しいことや楽なことならやってもいいと思うでしょう。それが普通なのかもしれません。

　でも、**スポーツが上手になったり楽器が上手に演奏できるようになったりするためには、辛い練習も我慢してやらなければならない**ということは、だれでもよくわかっているのではないかと思います。

以前、プロ野球の読売ジャイアンツでプレーした長嶋茂雄さんは、みんなから「ミスター」と呼ばれて、野球をする子どもたちの憧れでした。いつも明るく華やかなプレーで、ファンを喜ばせていました。長嶋さんを「野球の天才」と言う人もいました。

でも、実は長嶋さんは懸命に努力をする人でもありました。学生時代、普通の人なら5分くらいでやめてしまう、重いマスコットバットを使って1時間も素振りをしたり、練習が終わってからも、月の光の下で監督から1000本のノックを受けたりしたそうです。しかも、最後は素手でボールを受けたそうです。

まわりの人からは、才能があるから野球が上手なのだと思われていたようですが、その陰で大変な努力を重ねていたのだと思います。

水面を優雅に泳いでいる水鳥は、水中で激しく足を動かしているものです。このように、**見えている部分がすばらしい人は、見えない部分でそれを支えるために努力をしているの**ではないでしょうか。

皆さんも、陰の努力を惜しまない人になってください。

【参考文献】

・濤川栄太『わが子に読んで聞かせたい偉人伝』（中経出版）

May 5

不調のときは無理をしないことが肝心と伝えたい場面で

無理をしないから気づけることもある

対象
低学年
中学年
高学年

May 5

5月に入って何週間か経ちました。皆さん、体調はどうですか？　新しい学年になって、新しい学級になって、新しいことが始まって、4月はそういうことに慣れるために大変だったのではないでしょうか。

自分では全然大変ではなかったと思っている人も、知らないうちに身体が疲れていたり、心が疲れていたりするものです。そういう疲れがどこかに出ているという人も中にはいるかもしれませんね。「5月病」という言葉もあるように、5月は4月からの疲れが出てくる時期で、何となく身体がだるくなったり食欲がなくなったり、やる気が出なくなったりすることがあるのです。

もしも体調がよくないなと感じたら、無理をしないことが大事です。症状がまだ軽いうちに、休んだりペースを落としたりして無理せず過ごしましょう。そうすれば、回復するのも早いのです。また、**休んだりペースを落としたりすると、いつもは気づかないことに気づけたりもしますよ。**

作家の山﨑拓巳さんという人がいます。山﨑さんはあるとき右手を痛めてしまい、手がゆっくりとしか動かせなくなってしまいました。パソコンでたくさんの仕事があるのに、じれったくて仕方がなかったそうです。でも、これはゆっくりやれということだと思い直し、いつもより丁寧にゆっくりメールを打ったそうです。すると、ゆったり仕事をすることが心地いいということに気づくことができたそうです。

山﨑さんがもし、けがをしても何とかペースを落とさないで仕事をしようとしていたら、ますますじれったくなって気分もますます悪くなったかもしれません。さらに、ゆったり仕事をすることのよさにも気づけなかったと思います。

調子が悪いと思ったら無理をしないことです。**休んだりペースを落としたりして、ゆったりとした気持ちになるのが大事**です。皆さんも、今の自分を一度よく見つめて、疲れているなと思ったらペースを落としてみてくださいね。

【参考文献】

・山﨑拓巳『運の強化書』(SBクリエイティブ)

May 5

運動会の練習への取り組み方を考えさせたい場面で

辛く厳しい練習こそ、明るく楽しく

対象
低学年
中学年
高学年

May 5

いよいよ来週から運動会の練習が始まりますね。運動会が大好きだという人も、どちらかというとちょっと苦手だなという人もいると思いますが、運動会という大きな行事を通して、皆さんには1つでも成長してほしいと思っています。

そのためには、運動会の当日はもちろんのこと、練習のときから前向きに取り組みたいものですね。そこで、運動会の練習にどのような気持ちで取り組むとよいかについて、少し時間を取りますから、一人ひとり考えてみてください。

さて、どんなことを考えたでしょうか。「真剣な気持ちで取り組む」と考えた人もいるかもしれませんね。「まじめに一所懸命やる」というようなことを考えた人もいるでしょう。そういった気持ちで練習に取り組めると、練習もよい勉強になりますね。

さて、それらにさらにもう1つだけつけ加えてほしいことがあります。それは、**「明る**

く楽しく取り組む」ということです。

知っている人もいるかもしれませんが、毎年お正月に箱根駅伝という大会が開かれます。この伝統のある大会で青山学院大学が何度も優秀な成績を上げました。監督さんはサラリーマンをしていた原さんという方です。駅伝の練習はそれまで、辛くて厳しいイメージだったのですが、原監督は「ワクワク大作戦」「ハッピー大作戦」などのスローガンで、選手が笑顔で練習できるようにしたそうです。

駅伝の練習は、辛くて厳しいときももちろんあると思います。でも、どこかで楽しく笑顔になれると、ほっとひと息ついてまたがんばろうと思えるのではないでしょうか。

運動会の練習も同じだと思います。練習が続くとちょっと大変になるかもしれませんが、そんな中でも、明るく楽しく取り組むことができると、やる気もアップするでしょう。「明るく楽しく」という言葉を胸に、練習に取り組んでみてください。

【参考文献】
・原晋『フツーの会社員だった僕が、青山学院大学を箱根駅伝優勝に導いた47の言葉』（アスコム）

May 5

集中して学習に取り組む大切さを伝えたい場面で

対象 低学年 中学年 高学年

May 5

一点に集中する

皆さんは「ながら学習」という言葉を聞いたことがありますか？　どういう意味かというと、「テレビを見ながら学習をする」「漫画を読みながら学習をする」「音楽を聞きながら学習をする」というように、他のことをしながら学習をするということです。

ちょっと考えると、なかなかよいやり方のように思えます。自分の好きなことをやりながら学習をするのですから、「なんだか勉強をやりたくないな」と思ったり「宿題をやるのが面倒くさいな」と思ったりしたときに、テレビを見たり、音楽を聞いたりしながらやれば、少しはやる気が出るかもしれません。その結果、宿題を終わらせることができればうれしいですね。

しかし、どうでしょう。そうやって宿題を終わらせても、ただ終わらせたというだけで、何かが身についたりすることは少ないのではないでしょうか。なぜなら、**集中して取り組**

んでいないからですね。何かを身につけるためには、集中して取り組むのも大切なことだからです。

京セラや携帯電話のａｕなどの大きな会社をつくった稲盛和夫さんという方がいました。すばらしい経営をする方で、稲盛さんを尊敬する人が世界中にいます。この稲盛さんが若いころの話です。町を歩いていて、あるバーゲンセールの垂れ幕を見た稲盛さんは「一瞬でも仕事を忘れて垂れ幕を見てしまった自分をはずかしい」と言ったそうです。すごい集中力ですね。また、稲盛さんが普段から集中することの大切さを本気で考えていた証拠ではないでしょうか。そんなふうに集中することの大切さがよくわかって、仕事に集中して取り組んだから、稲盛さんは大きな会社を経営できたのでしょう。

私たちが稲盛さんのように集中することはなかなかできないと思います。勉強をしているとき、テレビをちらっとでも見るのはダメだというわけではありません。でも、**テレビや音楽を見たり聞いたりしないで、できるだけ集中して学習に取り組むことはとても大切**です。稲盛さんのこのお話を思い出して、集中して学習に取り組んでみましょう。

【参考文献】
・大田嘉仁『ＪＡＬの奇跡　稲盛和夫の善き思いがもたらしたもの』（致知出版社）

May 5

あきらめずに学ぶ大切さを伝えたい場面で

対象
低学年
中学年
高学年

May 5

わかるまであきらめない

皆さんが家で宿題をやっていたとしますね。難しい問題があって、よくわからなかったとします。そのとき、皆さんはどうしますか?

やらないでそのままにしておいて、わかるところだけやるという人もいるでしょう。教科書を見直してみるという人もいるかもしれません。自分で少しは考えてみるという人もいるでしょうね。お兄さんやお姉さん、お父さんやお母さんに教えてもらうという人もいるかもしれません。

大事なのは、すぐにあきらめてしまわないで、なんとかして問題を解こうとしてみるということです。**ちょっと難しいことに挑戦するときに、人の力は伸びていくもの**だからです。簡単にあきらめてしまっては、なかなか力は伸びてはいきません。

電気製品などをつくっている、パナソニックという会社があります。皆さんも名前を聞

May 5

いたことがあるでしょう。この会社は、以前は松下電器産業といい、この会社をつくった松下幸之助さんは、もう亡くなっていますが、「経営の神様」と言われるすごい人でした。

松下さんがまだ若いころのお話ですが、「松下式ソケット」という製品をつくりました。でも、いくらで売ればよいのかわかりません。そこで松下さんは、なんと、これからこの製品を売ろうとする相手である問屋さんに、いくらなら売れるかと聞いたそうです。

松下さんは、わからないことがあっても決してあきらめず、自分で考えたり知っている人に聞いたりして、わかるまでとことん向き合ったのです。この姿勢があったので、会社も成功することができたのだと思います。

勉強のやり方にはいろいろなやり方がありますが、難しい問題があってよくわからないとき、そこであきらめてしまわず、**わかるまで考えたり、わかる人に聞いたりすることはとても大事**です。皆さんも、家で勉強するときには、この松下さんを真似して、あきらめずに向き合ってみてください。

【参考文献】

・寺子屋モデル『日本の偉人100人（上）』（致知出版社）

May 5

対象 低学年 中学年 高学年

チャレンジ精神を高めたい場面で

思い立ったら迷わずチャレンジ

皆さんの中に、鉄棒が得意な人が何人かいると思います。休み時間になると、鉄棒に集まって、いろいろな技にチャレンジしていますね。

ところで、鉄棒が得意な人は、生まれたときから鉄棒が得意だったのでしょうか？　そんなことはありませんよね。赤ちゃんのときから鉄棒でいろいろな技ができる人はいません。練習をしたからできるようになるのですね。

鉄棒でなくても、ピアノでもサッカーでも習字でも、何度も練習をするから上手になります。ということは、何かが上手になるためには、「やってみる」「チャレンジしてみる」ということがとても大事だということです。

世界の発明王と言われたエジソンは、５歳のころに、物置小屋でガチョウの卵を温めていたことがあります。親鳥のガチョウが温めていた卵からひなが生まれるのを見て、自分もやってみようと思ったのだそうです。

やってみようと思ったらすぐにやってみる、チャレンジしてみるところが、エジソンのすばらしいところではないかと思います。

多くの人がやってみようと思いはしても、実際にそれをやることは少ないものです。皆さんも、何か新しいことをやってみようと思ったことはたくさんあると思いますが、実際にそれをやったことがどれだけあるでしょうか。

でも、先ほども話したように、何かが上手になるためには、実際にやってみることが大事です。やらないと上手になることはできません。**やろうかどうか迷っていると、いつのまにかできなくなってしまう**でしょう。

そうならないためには、やろうと思い立ったら迷わないで、思い切ってやってみることです。「どうせできない」「はずかしい」「後でやろう」などと考えると、迷ってしまいますから、思い立ったら迷う前にチャレンジしてみましょう。そうすることが上手になる近道ではないでしょうか。

【参考文献】
・主婦の友社（編集）『3分で読める　偉人のおはなし』（主婦の友社）

May 5

仕事を大事にすることのよさを伝えたい場面で

対象 低学年 中学年 高学年

June 6

仕事を大事にする気持ち

皆さんは、学校でいろいろな仕事をしていますね。給食当番とか清掃当番とか、係の仕事とか委員会の仕事とか、いろいろです。

ところで、皆さんはその仕事を大事にしていますか?「仕事を大事にするってどういうこと?」と思った人もいると思います。仕事を大事にするというのは、**その仕事の大切さをよく知って、その仕事ができることを喜び、他の人にも自慢できること**です。

ちょっと難しいかもしれませんね。なぜかというと、正直なところ、仕事をするのは少し面倒くさいと思えるからです。できれば、仕事をしないで過ごしたいと思う人が多いでしょう。「今日は掃除がありません」という連絡をすると、皆さんがうれしそうにするのを見てもわかります。

でも、せっかく仕事をするのですから、その仕事を大事にすることができたら、仕事をすることが楽しくすばらしいものになるのではないでしょうか。

ソニーという会社でトイレ掃除をしていた方のこんなお話があります。ソニーの新しい工場でトイレの落書きがなくならず、困ったことがあったそうです。工場長が注意しても社長が言っても落書きはなくなりません。それが、あるときピタッとなくなったのです。トイレ掃除の方が、かまぼこの板に「落書きをしないでください。ここは私の神聖な職場です」と書いて、トイレに貼ったのだそうです。

工場長が注意しても社長が言ってもなくならなかったトイレの落書きが、トイレ掃除の方のひと言でなくなるなんて、驚きですよね。このひと言には、トイレを掃除している方の、トイレ掃除という仕事を大事にする気持ちがよく表れているのではないでしょうか。それが、トイレを利用する人たちの心に響いたのだと思います。

仕事を大事に思い、その仕事に丁寧に取り組んでいる人の姿を見ると、まわりの人も、自分も一生懸命やらないと申し訳ないという気持ちになるのかもしれません。学校をよくしていくためにも、ぜひ皆さんも仕事を大事にして取り組んでみてください。

【参考文献】

・藤尾秀昭（監修）『一流たちの金言』（致知出版社）

June 6

当番活動や係活動などに責任をもたせたい場面で

対象 低学年 中学年 高学年

June 6

小さな仕事にこそ真心を込めて

学級にはいくつかの当番がありますね。日直や給食当番、掃除当番などです。クラスによっては、窓を開けるとか、本棚の整頓をするとかということが当番活動になっていることもあるでしょう。

皆さんは、そういう仕事が回ってきたときに、どんなことを考えますか？

「ああ、面倒くさいな」

「また当番が回ってきたか、嫌だな」

などと思う人が多いのではないでしょうか。

でも、そんなときに反対に、

「やった、この仕事ができる」

「この仕事をしっかりとやりとげてみせる」

などと考えて、**仕事に真心を込めて行うと、いいことが起こるかもしれませんよ。**

石川洋さんという講演などをされている方が、ある日タクシーに乗ったときのお話です。運転手さんがあんまり穏やかで笑顔で言葉も優しいので、どうしてそんなふうにできるのかと聞いたそうです。すると、「短い距離のお客さんにも真心を込めて運転していると、次に遠くまで乗ってくださるお客さんに会うことがあり、仕事には大きな流れがあるのだなと思うようになった。だからいつでもどんなお客さんにも真心を込めて運転をするようにしている」と教えてくれたそうです。

運転手さんにとっては、長い距離を乗るお客さんの方が、お金を多く払ってくれるのでありがたいのです。でも、短い距離のお客さんにも真心を込めて運転をすることで、この運転手さんは1日、楽しく愉快に穏やかに仕事をすることができるのでしょう。

考えてみると、こんなによいことはありませんね。皆さんが毎日やっているいろいろな仕事も、一つひとつに感謝しながら、真心を込めてやってみてはどうでしょうか。すると、**何よりも自分の心が穏やかになって、1日を楽しく過ごせる**と思いますよ。


【参考文献】
・石川洋『やるなら決めよ　決めたら迷うな』（勉誠出版）

仲直りについて考えさせたい場面で

ありがとう、ごめんなさいは自分から

対象 低学年 中学年 高学年

June 6

どんなに仲のよい友達同士でも、ちょっとしたことでけんかをしたり、意見が合わなくて困ったりすることがあると思います。こんなとき、皆さんはどうしているでしょうか。自分から素直に「ごめんなさい」が言えるのが一番ですが、難しいものです。ほとんどの人が「自分の方が正しい」「相手が間違っている」と思っているからです。でも、考えてみると、**相手もそう思っていますから、それではなかなか仲直りができません。**

友達と仲良くしたいと思ったら、やっぱり、自分の方から「ありがとう」「ごめんなさい」を言うことが大切なのではないでしょうか。

これはある高校のスポーツクラブのお話なのですが、あるときからチームの中に2つのグループができてしまい、お互いに仲良くできなくなってしまったのだそうです。そしてある日、グループ同士で大げんかになってしまいました。そのとき、食事の世話などをしてくれているおばさんが来て、「ありがとう」と「ごめんなさい」を先に言えば、仲良くするのは簡単だ、と叱ってくれたそうです。それからチームの雰囲気がよくなり、その高校は全国大会に出場したそうです。

けんかをしたり、気まずくなったりすると、どうすれば元のように仲良くなれるのだろうかと、いろいろなことを考えますよね。考えているうちに時間が経ってしまって、ますます仲直りができなくなってしまうこともあります。そんなことがないように、このおばさんの言葉を覚えておくといいですよ。**仲良くしたいと思ったら、あれこれ考えるのではなく「ありがとう」「ごめんなさい」を先に言う**のです。

友達と仲良くなればなるほど、一緒にいる時間も長いわけですから、意見が合わないことも多くなるものです。「けんかするほど仲がいい」というのはそういうことです。友達とよい関係を続けるためにも、実行してみてください。

【参考文献】

・ニッポン放送「小倉淳の早起き Good Day！」『人生はカレーライス　忘れられないあのひと言』（扶桑社）

June 6

友達とのよい関係の持続について考えさせたい場面で

対象 低学年 中学年 高学年

June 6

友達に見返りを求めない

新しいクラスになって2か月くらい経ちました。皆さんにも、仲のよい友達が少しずつできてきたのではないかと思います。もちろん、友達ができるまでの時間は人それぞれですし、いつどんなタイミングで仲がよくなるかはわかりませんから、これから仲がよくなる人もたくさんいると思います。

ところで、せっかく友達になったのですから、お互いにいつまでもよい友達でいたいですよね？　仲のよい関係がずっと続いて、卒業しても大人になってもお互いに信頼し合えたら、すばらしいことだと思います。

そのような友達になるにはどうしたらよいと思いますか？　少し考えてみてください。

さて、私は思うのですが、友達としての関係だけではなく、先輩と後輩とかご近所の方との関係とか、いろいろな人間関係で大事なことは、**「自分がこうしてあげたのだから相**

手もこうしてくれてもいいはずだ」という見返りを期待しないことかなと思います。

これはどこにでもいる、ある中学生の男子のお話ですが、彼はある日、１００ｍくらい向こうに住むおばあさんが、足を引き摺りながらごみを出しているのを見ました。そこで、彼はその日からおばあさんの代わりにごみを出してあげることにしたのです。これは何年も続き、その間、彼はだれにもこのことを言いませんでした。家族さえも知らなかったのです。

普通は、こんなにやってあげているのだから、せめて家族にはほめてもらいたい、ごほうびがもらえるとうれしい、などと思うかもしれません。しかし、彼はそういう見返りを少しも期待しませんでした。

こんな気持ちで人とつき合うことができたら、相手との関係が悪くなることはないのではないかと思います。

皆さんも、**友達とよい関係のままで続けていきたいと思ったら、見返りを期待しない**ということを心にとめておくといいですよ。

【参考文献】
・佐藤光浩『ちょっといい話』アルファポリス

大事なものを見極めることの大切さを伝えたい場面で

対象 低学年 中学年 高学年

June 6

大事でないことを省く

6月は、4月や5月に比べると少し落ち着いて生活ができる時期です。大きな行事もありませんから、やりたいことややらなければならないことに時間をかけてじっくりと取り組むことができるでしょう。

ところが、不思議なことに、時間がたっぷりあると思うと、意外にやりたいことややらなければならないことができなくて、締切間際になってあわててやってみたり、結局何もできなかったりすることがあります。そのようなことにならないように、一番大事なことは何かを考えて、まずそこから取り組むようにすると、この時期を有効に過ごせるのではないかと思います。

ところで、**大事なことは何かを考えるには、反対に大事でないことは何かを考えて、それを省いていくのも大切**です。**時間がなくなってしまうのは、大事ではないことに時間を**

かけてしまうというのも理由の一つだからです。

スマートフォンやコンピュータをつくっているアップルという会社があります。その会社の経営の責任者でもあったスティーブ・ジョブズという人は、いつも同じ服を着ていたことで有名です。黒いタートルネックのセーター、ジーンズ、スニーカーと決めていたのです。理由は、仕事に時間を使いたいため、服装を考える時間を削ったからだそうです。時間を生み出すために、大事でないことを省いたのです。

だれにでも時間は24時間しかありませんね。やりたいことややらなければならないことに時間を使いたかったら、別のことをする時間を削らなければなりません。そのときに、**自分にとって必要ではないこと、それほど大事ではないことを見つけて、それをやめるようにする**のです。そのようにしてむだを省いていくと、時間を生み出すことができますし、やることが少なくなりますから、大事なことにもっと集中して取り組めるようにもなります。

大事でないことを省くという意識で、この時期を有意義に過ごしてください。

【参考文献】

・ひすいこたろう『なぜジョブズは、黒いタートルネックしか着なかったのか?』(A-Works)

June 6

学級のために自分ができることを探させたい場面で

対象
低学年
中学年
高学年

June 6

学級のためにできることは必ずある

学級のために、自分の時間や力を使って何かをするというのはすばらしいことです。なかなかできることではありません。ただ、「そういうことができるのは特別な人で、自分にはそういう力はないからできない」と思っている人もいるかもしれませんね。

でも、そうではないのです。**その人ができることで、学級の役に立つことをすればよいのです。**そう考えれば、学級のためにできることはだれにも必ずあります。

とはいえ、どんなことで役に立てるかがわからないという人もいるかもしれません。「これをしてほしいと言ってくれればやりますよ」という人もいるかもしれません。

しかし、できることを自分で考えるのが大事なのです。**自分にできることはないかと考えることも、学級のためになっているのだと思います。**そうして、どんな小さなことでもいいのでやってみると、そこからまた何か別のことが思いつくかもしれません。

全身の関節の病気で、ずっと寝たきりだったある女性のお話です。その女性は医者にも見放され、自分でもあきらめていたのですが、ある日ふと「私でもできることはないか」と考え、点字の本をつくることを始めます。左手の親指だけが動いたので、そこに点筆をくくりつけ、1点1点打ったそうです。そうして、目の不自由な方のために点字本を1冊1冊つくり、ついに100冊を越えたそうです。

ずっと寝たきりで体がほとんど動かなかったこの女性が、点字本の活動を始められたのは、自分に何かできることはないかと考えたことがきっかけです。「何かできることはないか」と考えなければ、何も始まらなかったでしょう。

皆さんも、特別なことができるかどうかではなく、どんなことでもよいので、自分に何ができるかを考えたり探したりしてみてはどうでしょうか。そして、思いついたことを実際にやってみてください。学級全員が、何か自分にできることをすることができたら、よりすばらしい学級になると思います。

【参考文献】

・坂村真民『自選　坂村真民詩集』（致知出版社）

学級のために何ができるかを考えさせたい場面

対象　低学年　中学年　高学年

June 6

先にだれかの役に立つ

皆さんが毎日を過ごしているこの学級も、4月から2か月が経ちました。生活にも慣れてきたのではないでしょうか。

皆さんは、毎日登校するとこの学級にやって来ます。それは当たり前のことなのですが、**登校してから行くところがちゃんとあるというのは、実はありがたいこと**です。もしもこの学級がなかったら、登校してから「さてどこに行こうか」と考えなければなりません。

そのありがたい学級のために、何か自分にできることを考えてみましょう。皆さんはどんなことで学級の役に立つことができますか？

江戸時代に、歩いて測量しながら詳しい日本地図をつくった伊能忠敬という人がいました。この人は、伊能家の娘さんと結婚したのですが、そのころ伊能家はお酒を造って売ることを商売としていて、しかも商売が全然うまくいっていなかったそうです。それで忠敬は何をしたかというと、お店の従業員たちに、お客様に喜ばれることやお客様の役に立つことを、何でもいいからやってあげるように、と言ったのです。

従業員たちは、お客様の家の修理とかおつかいとか、商売とは関係なく何でもやってあげたそうです。そうしたら、「どうせお酒を買うなら伊能さんのところで」と思った人たちが、たくさんお酒を買ってくれて商売が繁盛したそうです。

私たちは、だれかに何かをやってもらうと、「ありがたいな」「申し訳ないな」と思って、お返しに自分も何かをやってあげようと思うものです。これを一歩進めて、**自分の方から先にだれかの役に立つことをしてみると、相手の人からも何かやってもらうことになり、お互いに幸せになります。**

皆さんとこの学級との関係も同じですね。自分から進んで学級の役に立つことをしてみてはいかがでしょうか。そうすることで、この学級が皆さんにとってもっと居心地のよい場所になっていくと思います。

【参考文献】

・白駒妃登美『子どもの心に光を灯す日本の偉人の物語』(致知出版社)

礼儀正しさは自分のため

皆さんは、自分の言葉づかいについて、振り返って考えてみたことがあるでしょうか。皆さんは学校で、いろいろな人とお話をすると思います。友達や先生や、下級生やお客様などですね。一番多いのは友達でしょう。その友達の中にも、とても仲がよくて冗談を言い合ったり、おかしなことを言って笑い合ったりすることができる友達から、そこまで仲良くはないけれど、休み時間にちょっと話すような友達までいろいろあると思います。

だれと話をするかによって、皆さんは少しずつ言葉づかいを変えていると思います。相手に失礼にならないようにと考えているからですね。それは立派なことです。

ところが、とても仲のよい友達に対しては、気安さもあって、「失礼な言葉づかいになっていないだろうか」などと考えることはほとんどないと思います。でも、**そのせいで時にお互いに気まずい思いをしてしまうこともある**のではないでしょうか。

対象 低学年 中学年 高学年

June 6

これは、映画俳優の石原裕次郎という人の話です。もう亡くなった方ですが、若いころから大変人気があった大スターでした。ある日、渡哲也さんという若い俳優さんが、石原さんを見かけてあいさつをしようと思いました。渡さんは、相手はスーパースターだからと恐る恐るあいさつをすると、なんと石原さんはサッと立ち上がって「石原裕次郎です」と、とても謙虚にあいさつを返してくれたそうです。その姿を見て、渡さんは石原さんのすばらしさに感激し、後々まで一緒に仕事をするようになります。

よい言葉づかいや礼儀正しさは、相手のためと思いがちですが、実はそれは自分のためでもあるのですね。相手のことを考えて、よい言葉づかいをしたり礼儀正しくしたりすることで、相手から「立派な人だ」「すばらしい人だ」と思われるということです。

「親しき仲にも礼儀あり」といいます。仲のよい友達と楽しくおしゃべりをするときでも、相手のことを考えて言葉づかいに気をつけたいものですね。

【参考文献】

・濤川栄太『わが子に読んで聞かせたい偉人伝』（中経出版）

水泳が苦手な子を励ましたい場面で

苦手意識を乗り越えて

体育で水泳の学習が始まりましたね。水泳が始まるのを心待ちにしていた人もいるでしょう。でも、水泳があまり得意ではないという人もいると思います。あまり得意ではない人にとっては、水泳の時間は楽しくないかもしれませんね。

でも、どんな泳ぎ方でもよいので25ｍを泳ぐことができると、万が一のときに役に立ちますから、なんとか25ｍを泳げるようにチャレンジしてみましょう。

泳げるようになるために必要なことは、泳いでみるということです。つまり、練習です。**どんなことでも、それができるようになるには練習をするしかありません。**サッカーでシュートが上手にできるようになるためには、シュートの練習をします。ピアノが上手に弾けるようになるためには、ピアノを弾く練習をします。これと同じで、泳げるようになるためには、泳ぐ練習をすることが必要です。

対象
低学年
中学年
高学年

June 6

でも、水泳が苦手だと思っていると、泳ぐ練習にも積極的に取り組めないかもしれませんね。そこで、そんな人のために、今日はある水泳選手のお話を紹介しましょう。

その人の名前は、古橋廣之進といいます。戦後の日本を水泳で勇気づけた方です。古橋さんは、生涯に世界新記録を33回も出しています。アメリカの大会の成績があまりにすごかったので、「フジヤマ（富士山）のトビウオ」と称えられました。ところが、古橋さんの左手の中指は途中からありません。工場で働いていたとき、事故で失ってしまったのです。これは世界最高タイムを争う水泳選手にとって大変なハンディキャップです。しかし、古橋さんは人一倍の努力でその障害を乗り越え、世界一になりました。

古橋さんには水泳の才能もあったのだと思います。でも、大変なハンディキャップを負っていても、あきらめずに練習を重ねたからこそ才能が花開いたのではないかと思います。

水泳が得意な人、不得意な人、いろいろいると思います。大事なことは、**それぞれができる精一杯の努力をする**ということではないかと思います。だれでも古橋さんになれるわけではありませんが、その気持ちを真似することはできるはずです。

【参考文献】

・川村真二『80の物語で学ぶ働く意味』（日経BPマーケティング）

June 6

雨の日の過ごし方について考えさせたい場面で

対象 低学年 中学年 高学年

June 6

アイデアを出すことのすばらしさ

これからの季節、ちょっと困ったことがありますね。何かわかりますか?

雨の日が多くなるということです。皆さんにとっては、外で思いきり遊べなくなりますから、困った問題ですね。

そこで、今日は雨の日の過ごし方について、皆さんにいろいろなアイデアを出してもらいたいと思います。

ところで、雨の日は外に出られませんから、教室で過ごすことになりますね。教室で過ごすというと、どんな過ごし方が思い浮かびますか? 読書、お絵かき、タブレット、トランプなどでしょうか。

そのようなことをして過ごすのも悪くありません。でも、時には自分たちで新しい過ごし方を考えてみるのもよいと思います。**自分たちで過ごし方を工夫する**ということです。

季節は全然違うのですが、北海道の札幌で冬になると、雪まつりという大きなイベントが行われます。実は、この雪まつりの会場になる大通り公園は、昔は町中に降った雪が邪魔なので、融けるまで集めておく場所でした。雪を捨てる場所だったのですね。そのいらない雪を使って、ある年、市内の中高生が雪像をつくったのが雪まつりの始まりだそうです。いらないものを上手に利用するというのは、すばらしいアイデアではないでしょうか。

はじめからあるものを利用するのもよいですが、このように、**いらなかったものを上手に利用したりして、何か新しいアイデアを考えることができたらすてきなこと**だと思います。

これから雨の日が多くなりますが、雨の日をどのように過ごしたらよいか、ぜひ皆さんに考えてほしいと思います。皆さんの楽しいアイデアで雨の日を楽しく過ごすことができたらすばらしいですね。

【参考文献】
・木村尚義『ずるい考え方 ゼロから始めるラテラルシンキング入門』（あさ出版）

生活に慣れた時期、気を引き締めさせたい場面で

対象 低学年 中学年 高学年

June 6

慣れてきたときが要注意

皆さん、「油断」という言葉を知っていますか？　注意を怠ってなまけたり、物事を適当にやってしまったりすることですね。油断してしまうと、普段ならすることのない失敗をしてしまいます。皆さんにも、油断して失敗してしまったという経験があるのではないでしょうか。

では、人はどんなときに油断してしまうのでしょうか。自分のことを振り返って、少し考えてみましょう。

人はどんなときに油断してしまうかというと、**物事に慣れてきたとき**ではないかと思います。まだ慣れないうちは、正しくできるかどうか緊張感をもって注意深く取り組みますが、慣れてくるとその緊張感も注意深さも少しずつなくなっていきます。それでつい注意を怠ってしまうのです。

こういうことがないように、慣れてきたと思ったときこそ、改めて気を引き締めて行動したいものですね。

皆さんがよく知っているイチローさんは、目覚まし時計を2つ使っていたそうです。どうしてかというと、1つでもちゃんと起きられるのですが、万が一、その1つの目覚まし時計の電池が切れてしまったときのことを考えて、だそうです。電池が切れるかどうかは予測できませんからね。

こんなふうに、普段から万が一のことを考えて行動するようにしていれば、たとえ慣れてきたとしても、油断して失敗してしまうことが少なくなるのではないでしょうか。

6月になって、皆さんは、学校にも学級にもずいぶん慣れてきたと思います。慣れてくるのはよいことなのですが、反対に油断して気が緩んでしまい、普段はやらないような失敗をしてしまうかもしれません。そうならないように、ここでもう一度気を引き締めましょう。イチローさんの目覚まし時計の話を思い出して、普段から万が一のことを考えてみるといいですね。

【参考文献】

・齋藤孝『日本人の闘い方』(致知出版社)

June 6

校外学習で学校の代表という意識をもたせたい場面で

明るいあいさつで学校の顔に

対象
低学年
中学年
高学年

June 6

もうすぐ、皆さんが楽しみにしている校外学習ですね。今年は、織物工場と博物館に行くことになっています。

ところで、当たり前のことですが、織物工場と博物館に校外学習で行くのは、今年は皆さんだけです。他の学年の人たちは行きません。ということは、今年は、皆さんが学校の代表として織物工場と博物館に行くということになります。

学校の代表として行くのですから、代表らしい行動をしなければいけませんね。どんなことに気をつけたらいいと思いますか？

いろいろ思いつくことがあるかもしれませんが、**一番大事なのは明るいあいさつをするということ**ではないかと思います。織物工場の方も博物館の方も、皆さんと会うのははじめてですから、はじめて会う方に明るいあいさつができたら、とてもよい印象をもってもらえます。すると、織物工場の方も博物館の方も、「○○小学校の子どもたちは明るいあいさつができて立派だ」と思うでしょう。そして「○○小学校は明るいあいさつのできる立派な学校だ」と思ってくれます。

雑誌の記事などを書いているあるライターさんのお話ですが、あるパーティではじめて会った社長さんから、何日か経って連絡をもらい、とても大きな仕事を頼まれたそうです。はじめて会ったのにどうしてと不思議に思い、その社長さんに訊いたら、はじめて会ったときすごく明るかったので、一緒に仕事をしたいと思ったということでした。

こんなふうに、はじめて会ったときに明るい態度で接すると、相手の人にとてもよい印象をもってもらえます。

皆さんが、織物工場や博物館に行ったときに、明るいあいさつをしたり、明るくハキハキと返事をしたりすると、織物工場や博物館の方にとてもよい印象をもってもらえます。すると、皆さんの印象がそのまま○○小学校の印象になるのです。

ぜひ、学校の代表だという気持ちをもって、明るいあいさつを心がけてみてください。

【参考文献】

・清水克衛『一瞬で忘れられない人になる話し方30のコツ』（学研プラス）

June 6

時間を守る意識を高めたい場面で

時間を守れば優しくなれる

対象 低学年 中学年 高学年

June 6

皆さん、「時の記念日」を知っていますか?

「時の記念日」は、日本ではじめて時計によって時の知らせが行われたことを記念して定められました。毎年6月10日と決められています。時間について考えたり、規則正しい生活について考えたりしてみる日です。

今月は「時の記念日」のある6月ですから、今日は、時間について少し考えてみたいと思います。

皆さんは時間を守ることが大事だということはよくわかっていると思います。時間を守ると生活が規則正しくなりますから、健康にもいいし、遅刻して他の人に迷惑をかけることもありませんね。「あの人は時間を守る人だ」と思われて評判もよくなります。

その他に、意外に思うかもしれませんが、**時間を守ると優しくなれる**のです。ちょっとわかりにくいかもしれませんね。それはこういう理由です。

大学で宗教を学んでいる学生にこんなことを試したそうです。まず、学生たちに、これから講堂でスピーチをしてもらいますと伝えます。学生たちは、内緒でAとBの2つのチームに分けられています。移動するとき、Aチームの学生には時間にゆとりがあると話し、Bチームの学生には遅れているから急げと話します。講堂に行く途中で、貧しい服の男性が苦しそうにしています（これは演技です）。すると、Aチームは6割以上の学生が男性を助け、Bチームは1割の学生しか男性を助けなかったそうです。

つまり、時間にゆとりがないと、困っている人を見ても助けようという気持ちになりにくいのです。反対に、時間にゆとりがあれば、困っている人を助けやすいのです。ですから、時間を守ると優しくなれるというわけです。

このように、**いざというときにも、時間にゆとりがあればよい行動をすることができます。**ぎりぎりになったり遅れたりしないで、時間をきちんと守って生活することの大切さを、「時の記念日」をきっかけとして、もう一度考えてみましょう。

【参考文献】

・池田貴将『図解　モチベーション大百科』（サンクチュアリ出版）

自分のよさを自覚することの大切さを伝えたい場面で

対象 低学年 中学年 高学年

July 7

何でもないところに自分のよさがある

皆さん、もうすぐ1学期が終わりますが、1学期を振り返ってみて、まあまあよかったと思いますか？ それとも、あまりよい1学期ではなかったなと思いますか？ 少し考えてみてください。

不思議なことに、同じような1学期を過ごした人同士でも、よい1学期だったと思う人もいれば、あまりよい1学期ではなかったと思う人もいます。なぜでしょうか。これは、人によってものの見方や考え方が違うからですね。

ということは、物事をよい方に考えれば、よかったことも多くなるということになります。このことは、自分のよさについても言えます。**自分のよいところを積極的に見つければ、自分のことがよく思えてきて、自信も出てくるもの**です。

そんなことを言っても、自分のよいところがなかなか見つからないと思っている人もいると思います。それは、よいところを特別すごいところだと考えているからです。**案外自分では何でもないと思っていることが、他の人からは、すごいところに見えるもの**です。

4つのフレンチレストランを経営する名シェフの黒岩功さんという方がいます。黒岩さんは、小学生のころ身体が弱く、勉強も運動も不得意で友達も少ないという子でした。両親が忙しくて、ご飯は自分でつくって食べていたそうです。ある日、家庭科の授業参観があり、黒岩さんはみんなの前で、いつもやっているようにキャベツを千切りにしました。すると、みんなから「すごい！」と感心してほめられたそうです。

黒岩さんにとっては、家でよくやっているキャベツの千切りですから、何でもないと思っていたのでしょう。でも、それは他の人から見るとすごいことだったのですね。こんなふうに、自分では気づいていないよさが人にはあるものです。黒岩さんはこのことがきっかけで料理に興味をもつようになったそうです。

皆さんにも、自分では気づかないよさがきっとあります。そういうよさを見つけてみる努力をしてみてください。**自分に自信がもてるようになりますよ。**

【参考文献】

・月刊『致知』2016年7月号（致知出版社）

欠点は個性にもなることを伝えたい場面で

対象 低学年 中学年 高学年

July 7

欠点も自分の個性の一つ

人にはだれにでも長所と短所があります。短所は欠点ともいい、長所は美点ともいいます。私たちはどうしても、短所や欠点を気にしてしまいます。できないことや、ほかの人と比べて劣っていると思うことの方が、先に目についてしまうのです。その結果、自分に自信がもてなくなってしまうこともあります。

でも、短所や欠点を気にすることには、よい面もあります。**自分の不得意なことを先回りして考えることで、失敗することが少なくなる**ということです。また、短所や欠点を意識することで、自慢をしたり得意になり過ぎたりしなくなりますから、まわりの人との関係がよくなることも多いのです。

こう考えると、皆さんが考えている自分の欠点や短所も、考え方によっては長所や美点になりますね。自分では短所や欠点だと思っていることも、他の人から見ると長所だったり、ある状況では都合が悪いけれど、別の状況では好都合だということもあるのです。

これはある会社員の方のお話ですが、その方は話をするのがとても苦手だったのに、商品を売り込むセールスの仕事に回されてしまい、会社を辞めようと思いました。でも、先輩に、「話すのは苦手でも、相手の話を真剣に聞くことはできるだろう」と言われ、セールスの仕事をやってみることにします。するとなんと、あの人は話がうまいと評判になって、仕事の成績も伸びたのだそうです。

これは、その会社員の方が話す練習を積んで上手になったのではなく、話すのが苦手だから、話さないで聞くことを中心にしたのですね。自分の話をしないで相手の話をよく聞くので、それで評判がよくなったのです。

皆さんの欠点も、**その欠点があるからこそ、その欠点以外のことがよくできる**という場合があるのではないでしょうか。それが皆さんの個性の1つになることもあるでしょう。自分の欠点を生かすというのはそういうことではないかと思います。

【参考文献】

・ひろさちや『「善人」のやめ方』（角川書店）

July 7

通知表を見て気落ちする子を励ましたい場面で

失敗は大事なもの

今、皆さんに1学期の通知表を渡しました。通知表を見て、「がんばったかいがあった」と思った人も、「もっとがんばればよかった」と思った人もいると思います。また、1学期の自分を振り返ってみて、「だいたい予想した通りだ」と思った人も、「自分ではがんばったつもりだったのに、思ったほどよい成績ではなかった」と思った人もいるかもしれませんね。

いろいろと思うことはあるかもしれませんが、1学期はもう終わってしまいましたから、これからの生活に生かすようにするとよいでしょう。

ところで、もしかしたら通知表の成績が思ったほどではなかったことにがっかりして、自信をなくしている人もいるかもしれませんね。でも、大事なことはこれからどうするかですから、あまり失敗を気にしないようにするといいですよ。それに、**失敗したということ**

とは、考えようによっては大事なことでもあるのです。

作家で実業家の本田晃一さんという人は、大学生のころ、自転車でオーストラリア大陸横断に挑戦したのですが、途中でくじけて自動車での横断に変えました。それで途中でくじけたことをずっと気にしていたのですが、ある日、オーストラリアの人たちと失敗自慢になり、くじけたことを話したらすごくウケて盛り上がったそうです。そのとき本田さんは、人は失敗してもみんなから認められ、愛されるんだと思ったのだそうです。

失敗したことをきっかけにして、次は失敗しないようにしたり、もっと上手にできるように努力したりすることは、とても大事なことです。でも、それは失敗したことを気にしたり、失敗したことをくよくよ悩んだりしなくてもできますね。**失敗は次に生かせばよいのであって、気にしたり悩んだりし過ぎなくてもよい**のです。

通知表を見て、自分で思っていたほどではなかったとしたら、2学期にそれを生かせばよいのです。いつまでも気にしたり悩んだりしないで、失敗しても認められ愛されるのだと、前向きに考えるといいですよ。

【参考文献】

・本田晃一『僕はゲームのように生きることにした。』（A-Works）

July 7

対象 低学年 中学年 高学年

1学期の生活をどう振り返るか考えさせたい場面で

不足の自覚と再チャレンジ

間もなく1学期が終わります。1学期を振り返る時期ですね。

ところで「1学期を振り返りましょう」とよく言われますが、1学期を振り返るというのは、何をすることでしょうか。考えてみてください。

皆さんが考えるのは、まず1学期にどのようなことがあったかということだと思います。そして、そのときどんな態度で参加したかとか、どんなことを思ったかとかでしょう。

例えば、5月に運動会があり、はじめて徒競走で3位になってうれしかったとか、6月の博物館への校外学習で恐竜の骨を真剣にスケッチしたとか、漢字テストの勉強をがんばったので100点が取れたとか、算数の分数の計算がよくわからなかったとかです。

このような振り返り方もよいのですが、そこにプラスして2つのことを考えると、振り返りがもっと生きてきますよ。

1つは、**足りなかったものは何かを考える**ことです。もう1つは、**今からできることを考えて実行する**ことです。例えば、分数がわからなかったのは、ドリルをやる回数が足りなかったからかもしれません。そこで、今からドリルをやってみるのです。

有名な発明家のエジソンは、白熱電球を完成させるまでに1万回も失敗したと言われています。エジソンはあるとき「白熱電球の秘密がまだわかっていなかったらどうするか？」と質問されました。するとこんなふうに答えたそうです。「今でも実験をしていて、質問に答えている暇などない」と。

さすがは発明王エジソンですね。電球の秘密がわからないことは失敗ではなく、実験が足りないのだと考えたのです。足りない部分を自覚し、そこをやり直すことで成功することがわかっていたのでしょう。

皆さんも、1学期を振り返るこの時期に、できたことやがんばったことだけでなく、**足りないことはなかったかを思い出してみる**といいですよ。そして、そこをやり直すことでエジソンのように成功するかもしれません。

【参考文献】
・ナポレオン・ヒル『私たちはできていないが、成功者はやっている52のこと』（きこ書房）

対象
低学年
中学年
高学年

July 7

時間のある夏休みにできることを考えさせたい場面で

夏休みは普段できないことをやる時間

皆さん、夏休みと普段の日とではどんなところが違いますか?

そうです、学校が休みになりますね。学校が休みになるということは、皆さんは学校に来なくてもよいということです。ということは、自分で好きなことをする時間がたくさんあるということです。夏休みは、普段よりも時間がすごくたくさんあるのです。

時間がたくさんありますから、**普段は時間がなくてできないことにチャレンジするといいですよ。**例えば、遊びです。普段は時間がかかる遊びをするのは難しいですね。でも、夏休みは時間がありますから、友達と野球を9回までやってみるとか、1日でジグソーパズルを完成させてみるとか、そういうことができます。

自分の興味や関心のあることに時間を使うのもいいですね。何日も図書館に通って調べてもいいですし、おうちの人にお願いして、実際にその場に行って学んでもいいですね。

皆さんも知っていると思いますが、魚のことをとてもよく知っている「さかなクン」は、小さいころから魚に興味があったそうです。あるときからタコに興味をもち、図書館で図鑑をたくさん読み、魚屋さんでずっとタコを見、お母さんに頼んで毎日タコ料理を食べ、いろんな水族館に連れて行ってもらったそうです。

こういうことは、とても普段の日にはできませんね。でも、夏休みにはこういうことができるのではないでしょうか。

さかなクンは、その後、タコ以外の様々な魚についての知識をどんどん増やしていき、ついに大学の先生にまでなっています。小さいころ興味のあるタコについて時間を気にせずに調べたことが役立っているのでしょう。

こんなふうに、**興味のあることや関心のあることを、時間を気にせずとことん調べることができるのが夏休み**です。時間がたくさんあるということを生かして、夏休みを有意義に過ごしてください。

【参考文献】
・さかなクン『さかなクンの一魚一会』（講談社）

July 7

対象
低学年
中学年
高学年

休み中も気を抜かずに生活するよう伝えたい場面で

だれかが見ていなくても

私たちは、だれかに見られているところでは真面目に取り組みますが、だれも見ていないと思うと、ちょっと怠けてしまうことがあります。

皆さんはどうですか？　そんなことはありませんか？

もちろん、いつでも一生懸命にやるのが一番よいのですが、だれも見ていないのだから少しくらい怠けても、大きな違いはないのではないかと思ってしまうかもしれませんね。

そして実際、大きな違いはないことが多いのかもしれません。しかし、**だれも見ていないところでの行動が、大きなチャンスになることもある**のです。

『ローマの休日』という有名な映画で主演したオードリー・ヘップバーンという俳優さんのお話です。アカデミー主演女優賞をとったすばらしい俳優さんです。

オードリーはある日、スカウトされて『ローマの休日』のスクリーンテストを受けます。

そして合格するのですが、合格の決め手になったのはテストの演技ではありませんでした。テストが終わってほっとして喜んだオードリーの表情が決め手だったのです。

こんなふうに、だれも見ていないと思っても、だれかが自分を見ているということがあるものです。それがオードリーが映画の主演をつかんだように、何かのチャンスにつながるかもしれません。

もちろん、そんなことがたびたび起きるということはないでしょう。しかし、だれも見ていないときも、何かのチャンスにつながっているかもしれないということは、頭に入れておくとよいと思います。もしかしたらだれかが見ているかもしれないと思って、もうひとがんばりしてみることも大切なことではないでしょうか。

夏休みには、だれにも見られない時間が多くなると思います。**心の中に「だれも見ていないからいいか」という考えが起こりやすくなるとき**ですね。そんなときには、このお話を思い出して、ちょっとがんばってみてはいかがでしょうか。

皆さんが充実した夏休みを過ごすことを願っています。

【参考文献】

・小林正観『宇宙法則で楽に楽しく生きる』（廣済堂出版）

課題のアイデアを見つける視点を伝えたい場面で

対象 低学年 中学年 高学年

July 7

アイデアは身の回りのどこかに

夏休みの課題がいくつか出ていますね。早くやってしまおうと、やる気に燃えている人もいるでしょうし、反対に嫌になっている人もいるかもしれませんね。

夏休みの課題は、大きく分けると2種類ありますよ。

1つは「夏休みのドリル」や「1学期の復習プリント」などで、出された問題に答えるものです。テストと同じですね。勉強したことを覚えていれば答えが書けますし、計算のやり方が身についていれば答えが書けます。

もう1つは、「理科の自由研究」や「社会科の調べ学習」で、これらは問題が出されるのではなく、問題そのものを自分で考えたり見つけたりしなければなりません。知っていれば答えが書けるというものではありませんね。皆さんが苦手と思うのは、こちらの課題ではないでしょうか。**自分でアイデアを出すところが難しいと感じる**のだと思います。

そこで、どうすればアイデアがひらめくのか、そのヒントを話しましょう。

皆さんはカップヌードルを食べたことがあると思います。このカップヌードルは、インスタントラーメンを開発した安藤さんという方がつくりました。ある日、安藤さんはインスタントラーメンを世界に広めようとしてアメリカに行きました。すると、アメリカでは、インスタントラーメンを割って紙コップに入れ、お湯を注いでフォークで食べていたそうです。これを見たとき、安藤さんに新製品のアイデアがひらめきました。これがカップヌードルを開発するきっかけになったのです。

つまり、**アイデアというのは、机の前で頭を使って悩みながらひねり出すものではない**ということです。何かアイデアはないかなと意識しながら身の回りのものを見たり、どこかに出かけたりすると、それをきっかけにしてフッとひらめくものなのです。

皆さんも、自由研究や調べ学習のアイデアを意識しながら生活をしてみてください。あるとき、フッとひらめくことがありますよ。

【参考サイト】
・日清食品グループ「安藤百福クロニクル」

自由研究で悩んでいる子にヒントを教えたい場面で

自由研究のヒントは他からもらう

対象
低学年
中学年
高学年

July 7

楽しい夏休みですが、宿題があるのがちょっと嫌だなと思っている人がたくさんいると思います。その中でも、夏休みのドリルとか漢字の練習とかは、やることが決まっているのでやりやすいけど、特に自由研究が何をやったらよいかわからないから苦手だと思っている人が多いでしょう。

そこで今日は、自由研究でやることを見つけるコツを教えようと思います。よく聞いて参考にしてください。

自由研究のヒントは、他からもらえばよいのです。「え〜、そんなのズルいんじゃないの!?」と思う人もいるかもしれませんが、ズルくはありません。実は、世の中のいろいろなアイデアは、ほとんど他からヒントをもらっているのです。そう思って探してみると、いろいろと見つかりますから探してみてください。

これは、フルタ製菓というお菓子をつくっている会社のお話です。社長の古田さんがヨーロッパにお菓子などの勉強に行ったとき、たまたまお菓子屋さんで、チョコレートでつくられたイースター・エッグというお菓子の卵を見つけました。古田さんはそれを見て、日本でも売れるのではないかと考え、卵の形をチョコレートでつくり、中におもちゃなどを入れて売り、大人気になりました。これはチョコエッグといって今でも売られています。

チョコレートでできた卵のお菓子をヒントにして、中を空っぽにしてそこにおもちゃなどを入れ、きれいな包み紙で覆うという商品にしたわけです。ヒット商品のヒントを他からもらってきたわけですね。

自由研究もこれと同じように、**何かをヒントにしてそこに自分の工夫をつけ加えたり、ちょっと変えたりすると、思いつきやすい**のではないかと思います。1学期に学習したこととか、今までの自由研究とかからヒントをもらうといいですね。

こんなふうに考えれば、夏休みの自由研究もそんなに大変ではなくなると思います。がんばってみてください。

【参考文献】

・古田鶴彦『即行力』（ＰＨＰ研究所）

July 7

隅々まできれいにすることの大切さを伝えたい場面で

対象
低学年
中学年
高学年

July 7

もういいと思ってからもう一度見る

来週は大掃除が予定されています。1学期の間、毎日過ごした校舎や校庭をきれいに清掃して、夏休みを迎えられるようにしましょう。

それぞれの清掃場所によって掃除の仕方が少しずつ違うと思いますが、どの清掃場所で掃除をしていても、気をつけてほしい大事なことがあります。それは、**目立たないところ、隅のところをよく見てきれいにしてほしい**ということです。

まわりからよく見えるところの汚れはだれもが気づきます。でも、教室の隅の目立たないところの汚れは、気をつけて見ないと、なかなか見つからないものです。そのため、いつになっても掃除されず、ずっと汚れたままになっていることがあります。そういうところを見つけてきれいにしてみましょう。

ところで、掃除についてこんなエピソードがあります。

明治から昭和のはじめに活躍した、大変有名な小説家で、幸田露伴という人がいます。この方の娘さんは幸田文といい、やはり小説家ですが、文はお父さんの幸田露伴から、毎日のように掃除の仕方を大変厳しくしつけられたそうです。そんなある日、お父さんの掃除の教えが終わり、文がお礼を言って部屋を出ようとすると、突然お父さんが「あとみよそわか」と呪文のような言葉を言いました。そして、「もういいと思ってからも、この呪文を唱えて、もう一度よく見るように」と言われたそうです。

掃除がとても上手だった幸田露伴には、掃除が終わったと思っても、隅々まで見渡すと意外に掃除されていないところがあるものだということがよくわかっていたのではないかと思います。そこで「あとみよそわか」という呪文のような言葉を使って、掃除が行き届かないところをもう一度見つけるようにしていたのでしょう。

この呪文は私たちも使うことができますね。**大掃除が終わったところで安心してしまうのではなく、「あとみよそわか」の呪文を唱えて、もう一度よく見るようにしてみましょう。**そうして、1学期間お世話になった学校をきれいにしてください。

【参考文献】

・占部賢志『子供に読み聞かせたい日本人の物語』（致知出版社）

夏休み明けの不安感を少しでもやわらげたい場面で

対象 低学年 中学年 高学年

July 7

今ある幸せを数えてみる

明日から夏休みです。皆さんはもう心がウキウキしているでしょうね。夏休みを十分に楽しんで、また2学期に元気に学校に来てください。

ところで、夏休みが終わるころになると、何となく不安な気持ちになったり、学校に行くのが嫌だなと思ったりする人もいるかもしれません。今からそういう人のためにお話をしますので、よく聞いて、夏休みが終わるころに思い出してみてください。

実は、そういう気持ちになったり、そう感じたりする人は意外にたくさんいるものです。特別ではありません。ですから、まず、自分だけではないと思って安心してください。

そのうえで、その不安な気持ちを和らげるために、今ある幸せを一つひとつ思い出してみるとよいと思います。**幸せを数えていくと安心するから**です。例えば、毎日ご飯が食べられること、住む家があること、服を着たり歩いたり、いろいろなことができること。こういうことは、よく考えると幸せなことです。改めて、こういう幸せを数えてみると、自分は幸せだなと気づくことができ、安心することができます。

10年くらい前に、幸せになる方程式を探っていく映画がありました。その中で、雨漏りのする家に住んでいる、インドの貧しい人力車ドライバーの男性が、「晴れると星が見える。家族がいれば幸せ」と言っています。

雨漏りのする家に住み、貧しい暮らしをしていても、探してみようとすれば、住む家がある、家の中から星が見える、一緒に暮らす家族がある、など、幸せは見つかるのです。

何となく不安に思ったり嫌だと思ったりするのは、自分の今の幸せに気づかないからです。幸せよりも先に、足りないことを思ってしまうのです。今ある幸せを数えることで、自分が恵まれていることを感じることができ、だんだんと安心してくるものです。

夏休みの終わりにこのお話を思い出してみてください。

【参考文献】

・南泉和尚『日常の中で悟りをひらく10の徳目』
（ディスカヴァー・トゥエンティワン）

強い気持ちで取り組むことの意義を考えさせたい場面で

対象 低学年 中学年 高学年

September 9

信念の力は大きい

2学期が始まりました。皆さんは、この2学期をどのような学期にしたいと考えていますか？　もしかしたら、そんなことはあまり考えていないかもしれませんね。でも、それでは2学期をむだにしてしまうかもしれません。

この前、目標を立てましたが、目標を立てただけではあまり意味はありません。その目標に向かって強い気持ちで取り組もうとすることが大切です。**強い気持ちで取り組めば取り組むほど、よい結果につながります。**

そんなことを言うと、皆さんの中には、いくら強い気持ちで取り組んだとしても、気持ちだけではどうにもならないのではないかと考える人もいるでしょう。確かにそうかもしれませんが、強い気持ちで取り組むことが結果につながることも、実際にあるのです。

これは、アメリカのルーベン・ゴンザレスというリュージュのオリンピック選手の話です。ルーベンは20歳のとき、技術を磨くためトレーニングセンターに行きますが、あまりにも激しい練習でケガをしてしまい、もうやめると弱音を吐きます。そのとき、彼を応援するクレイグという人から、鏡の前で「辛くても必ず成功する」と何度も言えと命令されます。すると、何度も言ううちに元気が出て自信がわいてきたのです。ルーベンはその後、3度もオリンピックに出場しています。

私たちは、何か辛いことや大変なことがあると、それを乗り越えようとしないであきらめてしまうことがあります。あきらめる方が楽だからです。でもそれでは、何かができるようになったり、さらに上手になったりすることはありません。**辛いことや大変なことがあっても、それを乗り越えていくことが、成長や向上のためには必要**なのです。

気持ちを強くもつことで、辛さや苦しさを乗り越えることができやすくなります。新しい生活が始まるこの時期、気持ちを強くもってスタートしたいものですね。

【参考文献】
・ジャック・キャンフィールド、ケント・ヒーリー『あなたの潜在能力を引き出す20の原則と54の名言』
（ディスカヴァー・トゥエンティワン）

粘り強く考えることの大切さを伝えたい場面で

考え続けると答えの方からやって来る

対象
低 学年
中 学年
高 学年

September 9

皆さんは、毎日学校でも家でも勉強をしていますが、この勉強にはいくつかの種類があります。例えば、漢字や地図の記号などのように、覚える勉強があります。それから、計算のやり方とか要点のまとめ方などのように、繰り返しながら上手になっていく勉強があります。その他にも、観察したり考えたりして大事なことを見つける勉強や、何を勉強すればよいかを自分で考え出す勉強などがあります。

短く言えば、覚える勉強、繰り返す勉強、見つける勉強、考え出す勉強ですね。皆さんは、覚える勉強とか繰り返す勉強をやることが多いと思います。この勉強は目標ややり方がわかりやすいので、取り組みやすいのです。

反対に、見つける勉強や考え出す勉強は、苦手だと思っている人も多いのではないでしょうか。その苦手な勉強をするときには、コツがあります。そのコツは何かというと、**あ**

きらめないで、ずっと考えているということです。考えつかなくてもよいので、ずっと考えていることが大事です。そうすると、答えの方からやってくることがあります。

「近代日本医学の父」と言われる、優れた細菌学者だった北里柴三郎さんは、ドイツ留学中に破傷風菌だけを増やす方法に取り組みました。毎日工夫して実験に取り組みましたが、なかなか成功しません。でもある日、仲間の下宿の娘が木の串で料理を突き刺すのを見て、実験方法がひらめき（培地の奥に破傷風菌を刺す）、ついに成功したのだそうです。

普通の人が見たら何でもないことですね。料理に木の串を刺すのは特別なことではないでしょう。しかし、北里さんは、毎日毎日どうすれば破傷風菌だけを増やすことができるかを考え続けていたので、このように何でもないことがヒントになってひらめくことができたのですね。

皆さんのあまり得意ではない、見つける勉強や考える勉強も、簡単にあきらめてしまわないで、**時間がある限り考え続けることで、何かをきっかけに答えがひらめくことがあります。**挑戦してみてください。

【参考文献】

・寺子屋モデル『日本の偉人１００人（上）』（致知出版社）

やり続けることの大切さに気づかせたい場面で

対象
低学年
中学年
高学年

September 9

好きなことならやり続けられる

2学期になりました。新しい学期になりますから、新しい気持ちで何か新しいことを始めてはどうかなと思います。2学期が始まる時期は、よいきっかけになると思いますよ。ところで、何か新しいことを始めることと、始めたことを続けることでは、どちらが難しいと皆さんは思いますか？

私は、始めたことを続けることの方が難しいのではないかと思います。その理由は、何か新しいことを始めるときは、何を始めようかといろんなことを見たり探したりして、楽しさやワクワク感があるのですが、それを続けていくのは我慢強さとか耐える力とかも必要になり、楽しいことばかりではないからです。

ですから、**新しいことを始めるときに、長く続けられそうなことを選ぶとよい**のではないかと思います。自分が好きなことで自分のためになるものがいいですね。

世界的に有名な漫画家に、手塚治虫さんがいます。『鉄腕アトム』をかいた人ですね。『火の鳥』は図書室にもありますから、読んだ人もいるでしょう。

手塚さんは小学生のころから漫画をかくことが好きで、担任の先生も手塚さんの漫画の愛読者だったほどです。手塚さんは大好きな漫画をかくことを、その後戦争が始まってもやめることはありませんでした。医者になるために大学に入ってもかき続け、医者になってもまだかいていたのだそうです。そして、医者になるか漫画家になるか、どちらかを選ぶようお母さんに言われたとき、漫画家になることを選んだそうです。

手塚さんはそれくらい漫画をかくことが好きだったのですね。それくらい好きなことなので、長く続けられたのだと思います。

皆さんも、新しい学期になったのをよい機会だと捉えて、何か自分の好きなことで、自分のためになることを見つけて、なるべく長く続けてみるとよいでしょう。長く続けることで、そのことが上手になることはもちろんですが、**長く続けることができたということが皆さんの自信にもなるはず**です。

【参考文献】

・主婦の友社（編集）『3分で読める　偉人のおはなし』（主婦の友社）

September 9

習慣を見直し、習慣について考えさせたい場面で

対象 低学年 中学年 高学年

September 9

よい習慣を続ける

皆さんにも、毎日決まってやっていることがあると思います。それを「習慣」といいます。食事の後に歯磨きを必ずするという人は、食事の後の歯磨きが習慣になっているのですね。学校から帰ると必ずおばあちゃんに学校の話をするという人は、おばあちゃんに学校の話をすることが習慣になっています。

ところが、習慣にはあまりよくないこともあるのです。例えば、夜寝る前に必ずゲームをするという人は、それが習慣になっているので睡眠時間が少なくなったり、よく眠れなかったりします。夕食の前に甘いおやつを食べるのが習慣になっている人は、そのことで食欲がなくなってしまったり虫歯になってしまったりするかもしれません。

このように、習慣にもよい習慣とよくない習慣があります。**よい習慣を今から続けることができたら、将来必ずよい結果につながる**と思います。

江戸時代の政治家で学者でもあった新井白石という立派な人がいます。新井白石は9歳のときに、昼に3000文字、夜に1000文字を習うと決めました。冬は日が暮れるのが早いので、西向きの縁台に机を出して、夕日の明るさで書きました。夜は眠くて仕方がないので、2つの桶に水を用意し、眠くなったら裸になって1つの桶の水をかぶって字を習い続け、また眠くなったらもう1つの桶の水をかぶって字を習い終わったそうです。

たった9歳のときに、これだけの勉強を毎日やろうと決めることも立派なことですが、それを実行して習慣としているところもすごいですね。

習慣になるまでには、そのことを何日も続けなければなりません。これがなかなか難しいことです。新井白石は、眠くなる自分を戒めるために、水をかぶって眠気を覚まし、文字の練習を続けました。ここまでするのは大変なことですが、新井白石が強い覚悟をもってやり続けたということは、私たちも参考にしたいですね。

皆さんも、**1つか2つのよい習慣を、今のうちから身につけてみましょう。**くじけそうになったら、この新井白石のお話を思い出してがんばってみてください。

【参考文献】

・長山靖生『「修身」教科書に学ぶ偉い人の話』（中央公論新社）

悪い習慣を改めさせたい場面で

対象 低学年 中学年 高学年

September 9

やりたい、ほしいにブレーキをかける

皆さんが家でゲームをしながら、1時間経ったら宿題をやろうと思っていたとします。目安の1時間が経ちました。このとき、皆さんはゲームの途中でもスパッと止めて、宿題に取りかかることができますか?

多くの人はなかなかできないのではないかと思います。「あと5分くらいはいいかな」と思って、ゲームを続けてしまう人もいるでしょう。すると、次の日には、「今日は10分くらいはいいかな」と思ってさらにゲームを続けてしまうかもしれません。

こんなふうに、ゲームをやりたいという気持ちに負けて、ゲームの時間がだんだんと延びていきます。その分、宿題をする時間が少なくなっていきます。そして気がついたときには、ゲームばかりやっている、という悪い習慣が身についてしまうかもしれません。

皆さんの今の生活はどうでしょうか。このように、何かをやりたい、何かがほしいという気持ちに負けて、悪い習慣が身についてしまっていませんか？　**もしも悪い習慣が身についていると感じた人は、強い気持ちをもって、今その習慣を改めましょう。**

あるお坊様が用事でタクシーに乗ったときのお話です。運転手さんが、今家族5人で海外旅行に行く人を空港まで送ってきたところだと言います。そして続けて、金持ちに生まれた子はかわいそうだと言ったそうです。どうしてかとお坊様が聞いてみると、「我慢することを知らず、何でも買ってもらえるから本当の喜びがわからない。自分は貧乏で焼き芋1つでも分けて食べたから、ひと口のおいしさがわかる」と話してくれたそうです。

だれにでも、やりたいことやほしいものがありますが、**それを我慢しないで簡単に手に入れてしまえば、本当の喜びがわからない**のではないでしょうか。また、我慢することを学ぶこともできないでしょう。

ゲームの話に戻りますが、ゲームをしたいという気持ちを我慢しないでいくらでもしていたら、ゲームの楽しさも小さくなってしまうでしょうし、我慢する気持ちも育ちません。生活を見直し、「やりたい」「ほしい」という気持ちにブレーキをかけましょう。

【参考文献】

・青山俊董『泥があるから、花は咲く』（幻冬舎）

改めて目標の大切さについて考えさせたい場面で

対象 低学年 中学年 高学年

September 9

「なんとなく」で目標を立てない

2学期になったので、新しく目標を決めようと思います。

今まで、皆さんはどんなふうに目標を決めていたか思い出してみましょう。もしかしたら、なんとなく目標を決めていたという人もいるかもしれませんね。また「こんなことができるといいなぁ」とか、「こんなふうになれるといいなぁ」とか、自分の願いを目標にしていた人もいるでしょう。それから、ぱっと思いついたよい行いを目標にしていた人もいるかもしれませんね。

どんな目標でも、目標をもつのは悪いことではありません。でも、できれば、**自分の生活と関わりがあったり、自分の将来の夢とどこかでつながっていたりすると、目標をもっと生かすことができる**のではないかと思います。

元サッカー日本代表の本田圭佑さんにこんなエピソードがあります。

本田さんはある時期、ロシアの強豪チームに所属していました。そこでの本田さんの練習は、ランニングでは常に先頭を1人で走り、シュート練習で外すと本気で悔しがるなど、チームの仲間がふざけ合ったりしているのには目もくれず、常に全力だったそうです。本田さんは、小学校の卒業文集に「世界一のサッカー選手になりたいと言うよりなる」と書いたそうですが、それが本田さんの目標となり、その目標があったから、どこに行っても全力で取り組むことができたのではないかと思います。

こんなふうに、**毎日の生活に役立つ目標を立てることができたら、毎日がもっとよくなっていく**と思います。そこで、今までは何となく立てていた目標を、今回はいつもよりも真剣に立ててみませんか？

自分の夢とどこかでつながっているとか、自分の毎日の生活がよりよくなることと関係するとか、そのような目標を立ててみましょう。そういう目標が立てられると、目標に向かって取り組みを続けやすくなります。

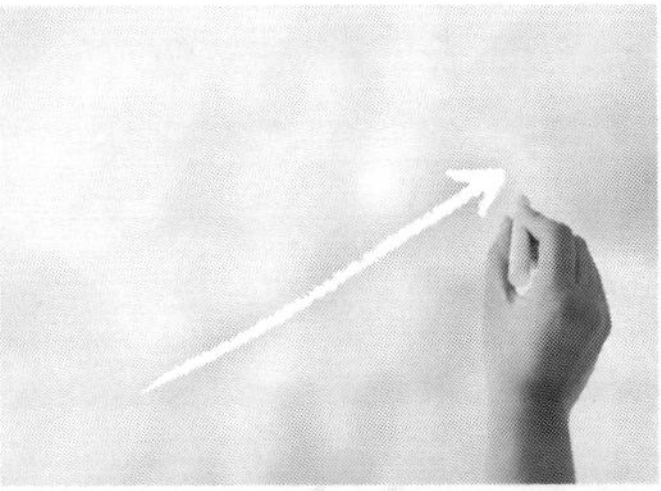

【参考文献】

・ＮＨＫ「プロフェッショナル」制作班『運命を変えた33の言葉』（ＮＨＫ出版）

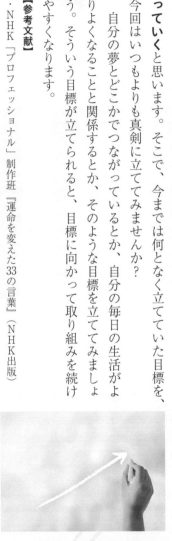

くよくよしないで前向きになるよう励ましたい場面で

対象
低学年
中学年
高学年

September 9

失敗を忘れ、前向きになるために

生活をしていると、だれにでも失敗をしてしまったり、思ったほどうまくいかなくてがっかりしてしまったりすることがあると思います。少しくらいなら、次の日には元気になることができるでしょうけれど、結構大きな失敗をしてしまったりすると、何日も気になって後悔してしまうことがあるかもしれません。

そうなると、気持ちも沈んでしまい、毎日が楽しくありませんね。でも、どんなにくよくよしても、起きてしまったことは変えることができませんから、失敗したことは早く忘れてしまいたいものです。また、たとえ忘れられないとしても、きちんと反省して、前向きになれるといいですよね。

では、どうすれば失敗を忘れて前向きになることができるのでしょうか。1つの方法として、**これからのことで大事なことは何か、どうすればよいかを考える**ことではないかと思います。

日本のプロ野球チームの読売ジャイアンツから、アメリカのヤンキースというチームに入って大活躍した松井秀喜選手のお話です。松井選手は、ヤンキースでプレーしていたとき、守備をしていて左手首を骨折してしまったことがあります。そのとき、どうしようもないほど落ち込んでしまいました。でも、長嶋元監督から、リハビリはウソをつかないからリハビリをがんばれと言われ、これからどうリハビリをしたらよいかということで頭がいっぱいになり、立ち直ったそうです。

プロスポーツ選手にとって、骨折は大変な出来事です。松井選手も、自分の気持ちを切り替えることが難しかったのです。でも、長嶋元監督から、これから大事なのはリハビリだと教えられて、そちらに気持ちを切り替えることができたのですね。

こんなふうに、**これからのことで大事なことは何か、それにどのように取り組んだらよいかということを考えることで、失敗を忘れて前向きになることができます。**失敗をして落ち込んだときには、このことを思い出して切り替えてみてくださいね。


【参考文献】
・西沢泰生『大切なことに気づかせてくれる33の物語と90の名言』（ＰＨＰ研究所）

気持ちも新たに何かに挑戦させたい場面で

対象 低学年 中学年 高学年

September 9

大事なことを1つに絞る

1学期にはいろいろな行事や学習がありましたが、2学期にもたくさんの行事や学習が予定されています。どの行事にも、どの学習にも、自分から進んで新たな気持ちで取り組んでほしいと思いますが、なんとなくいつも同じような気持ちで取り組んでしまうことが多いのではないでしょうか。

「初心忘るべからず」という言葉を聞いたことがありますか？　この言葉の意味は、習い始めたころの素直で真剣な気持ちを忘れてはならない、ということです。どんなことも2度目、3度目になってくると、油断していい加減な気持ちで取り組んでしまうことがあります。そうすると、せっかく行事や学習を行っても、大事なことがあまり身につかないということになってしまいますね。

そうならないように、**行事や学習に取り組むときの自分の気持ちを見直して、はじめて**

のときのような改まった気持ちで取り組めるとよいですね。

さて、皆さんもよく知っているクロネコヤマトは、もともと大和運輸といういろいろなものを運んでいる会社でした。しかし、ライバル会社がどんどん成長しているのに、なかなか成果が上がりません。そこで社長の小倉さんは会社の仕事を見直して、「これならだれにも負けない」というもの1つに絞ったそうです。こうして、個人の小さい荷物しか運ばないクロネコヤマトの宅急便が誕生しました。

大和運輸がそれまでと同じような仕事を続けていたら、ライバルの会社にどんどん差をつけられてしまっていたかもしれません。会社の仕事を見直して1つに絞り、新たな気持ちで仕事に取り組んだのがよかったのだと思います。

皆さんも、**自分の生活をもう一度見直し、何か一つ大事なことに絞って取り組んでみると、成果が上がる**かもしれません。ぜひ、挑戦してみてください。

【参考文献】

・小倉昌男『小倉昌男　経営学』（日経ＢＰ）

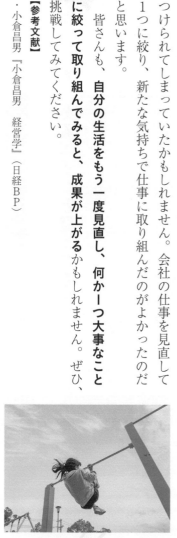

多面的に考えることの大切さを伝えたい場面で

「別の見方があるはず」と疑ってみる

対象 低学年 中学年 高学年

September 9

皆さんは「だまし絵」を知っていますか?

インクの染みがたくさんあるだけのように見えるけれどよく見ると犬や人がいる、女の人の顔だと思っていたのが逆さまにすると男の人の顔になる、画面から人が飛び出してきそうになっている、といった絵のことです。

こういうだまし絵を楽しむには、「別の見方があるのではないか」といろいろな方向から見たり、見えているものとは別のものに見立てて見たりすることが必要になります。

これは、だまし絵を見るとき以外にも役に立ちます。例えば、**解決しなければならない課題があるときに、課題をいろいろな面から見たり、別の見方があるはずだと疑ってみたりすると、思いもよらなかった解決策が見つかることがあります。**

松下幸之助さんは、今のパナソニックという会社をつくった人です。この人が若いころ、真空管というラジオの部品の特許をある人から買いました。そして、その特許を独り占めすることなく、だれでも使えるようにしたのです。そのことによって、ラジオに関係する日本の産業のレベルがものすごく高くなりました。

特許というのは、それをもっている人だけがその技術を使うことができ、もしも他の人がその技術を使いたければ、使用料を払うきまりがあります。多くの製品に必要な技術の特許をもっていれば、それだけでたくさんのお金が入ってきます。

でも、松下幸之助さんはそうしなかったのですね。自分だけが特許でお金をもらうのではなく、だれでもその技術を使えるようにすれば、日本中の技術者がそれを使ってさらによいものをつくり、日本の国が発展すると考えたのでしょう。そして、それが自分たちの会社のためでもあると考えたのでしょう。

こんなふうに、**いろいろな見方をすることで、もっとよい考えややり方に気づくことがあります。**皆さんも心がけてみてください。

【参考文献】

・門田隆将、髙山正之『世界を震撼させた日本人』（ＳＢクリエイティブ）

自分で自分の限界をつくらない

間もなく運動会の練習が始まります。運動会を楽しみにしている人も多いと思いますが、中にはちょっと嫌だなと思っている人もいるかもしれませんね。その理由はたぶん、徒競走があまり好きではないからだと思います。

皆さんは、だれが走るのが速いか、だいたい知っていますよね。そうすると、徒競走で一緒に走るメンバーを見ただけで、自分が何着になるかがだいたいわかってしまうかもしれません。1位になれそうな人はいいかもしれませんが、そうでない人の中には「どうせ1位にはなれない」とか「がんばっても5位か6位にしかなれない」と考えてしまい、なかなかやる気になれない人もいるでしょう。

しかし、**どうせ勝てないと思ってしまうのは、自分で自分の力を抑えてしまうことでもあります。**そうなると、勝てるものも勝てなくなってしまいます。反対に、勝てると考えると、思わぬ力がわいてくるものです。

外国で人気のある競技に1マイルレースがあります。1マイル（約1・6㎞）を走るタイムを競います。この競技は、長い間4分を切ることは人間には不可能と言われていました。でも、1950年に、ロジャー・バニスターという選手がはじめて4分を切ったのです。すごいのはこの後で、バニスターが4分を切ると、その後の1年のうちに23人もの選手が4分を切ったそうです。

人間には不可能と言われていたときにはだれも破れなかった4分の壁なのに、1人の選手が4分を切ったら、23人もの選手が4分を切りました。では、この23人の選手は、全員突然走るのが速くなったのでしょうか。違いますね。おそらく、「自分には無理」と考え、自分で自分の力を無意識に抑えてしまっていた人もいるのだと思います。

皆さんも、**「自分にもできる、勝てる」と考えれば、思わぬ力が発揮できる**かもしれません。予想した順位よりも1つでも2つでも上を目指してみるのが、楽しみの1つになるのではないでしょうか。そうすれば、運動会がもっと楽しくなると思いますよ。

【参考文献】
・為末大『限界の正体』（SBクリエイティブ）

読書に対する興味関心を高めたい場面で

将来を決めるかもしれない1冊

対象 低学年 中学年 高学年

October 10

来週から読書週間が始まりますね。皆さんにも、読書週間をきっかけにしてたくさんの本を読んでほしいと思っています。

ところで、いろいろな人に読書を勧められると思いますが、どうしてみんながそのように読書を勧めるのでしょうか。読書には、どんなよいことがあるのでしょうか。少し考えてみてください。

では、読書のよいところをいくつかあげてみましょう。

まず、本を読むと知らなかったことを知ることができます。知識が増えるということですね。次に、本を読むと自然と頭の中で考えるようになりますから、考える習慣が身につきます。それから、物語を読んで登場人物の様子やその場の様子を想像したりしますから、相手の気持ちや様子を想像する力も向上すると言われています。

それにもう1つ、**すばらしい本に出会うというよさ**があります。その出会いで、自分の生活や考えが変わるかもしれません。

ノーベル物理学賞を受賞した小柴昌俊さんは、子どものころ小児麻痺になり、さらにジフテリアにも罹って入院しました。音楽家になりたいと思っていた小柴さんでしたが、希望を失って苦しんでいました。そんなとき、担任の先生がお見舞いにプレゼントしてくれた、アインシュタインの『物理学はいかに創られたか』という本を読んで、物理学に興味をもったのだそうです。

小柴さんにとって、この本との出会いが将来を左右したと言ってもよいのではないでしょうか。そんな本に出会う可能性があるのが、読書のよさの1つだと思います。

このように、いろいろなよさのある読書です。読書週間をきっかけに、多くの本に出会えるといいですね。**そうして読書の習慣を身につけることができたら、一生の宝物になるはず**です。

【参考文献】

・川村真二『80の物語で学ぶ働く意味』（日経BPマーケティング）

October 10

かけ声だけの交通安全と考えてほしくない場面で

「これくらいはいいか」と考えない

対象 低学年 中学年 高学年

October 10

交通安全が大事なことは皆さんもよくわかっていると思います。でも、皆さんの下校の様子を見ていると、実行できていないのではないかと思うときがあります。

例えば、「歩道を歩くときには1列になって、おしゃべりをしないで前を見て歩きましょう」というきまりがありますが、きちんと守っていますか？　ついつい前の人とおしゃべりをしてしまったり、後ろから話しかけられて後ろを向いて歩いてしまったり、学校から少し離れると、だれも見ていないからと2列や3列になって歩いてしまったりすることはありませんか？

私たちは、自分がやりたいことがあると、「これくらいはいいか」と都合よく考えてしまうことがあります。**交通ルールも、「これくらいはいいか」の積み重ねが、やがて大きな事故につながることがあります。**「これくらいはいいか」と考えないことが、交通安全を守るためにとても大事なのです。

帝都自動車交通というタクシーの会社があります。この会社は、日本一安全と言う人もいるほど、安全に力を入れている会社だそうです。1999年から「事故減件運動」を始め、事故を減らすことに力を注いでいますが、2012年からは「タイヤが地面に接している部分以外がぶつかったら全部事故」というレベルで事故を減らすことに取り組んできたそうです。

これこそが「これくらいはいいか」と考えない取組ではないかと思います。ドアミラーがちょっとこすったくらいでも事故と考えて、事故を減らそうとしているそうです。今、無事故率は同じ仕事をする会社の中でトップだそうです。もしも「これくらいは事故ではない」という考えでいたら、無事故率トップになっていたかどうかわからなかったのではないかと思います。

皆さんも、**交通事故に遭わないで安全に登下校するために、「これくらいはいいか」と考えないで、交通ルールをきちんと守る**ようにしましょう。

【参考文献】

・神子田健博『タイヤ以外、何に触れても事故である。』（ダイヤモンド社）

October 10

October 10

対象 低学年 中学年 高学年

自分に合った学習のやり方を考えさせたい場面で

自分のやりたいことを自分のやり方で学ぶ

夏の暑さも少しずつやわらいで、これからだんだんと過ごしやすい季節になりますね。よく言われることですが、この時期は暑くもなく寒くもなく、勉強をするにも運動をするにもとてもよい季節です。この時期に、改めて学習について考えてみましょう。

皆さんの学校生活の中心は授業です。登校してから下校するまでの間、授業を受けている時間が一番長くなっています。学校の中心は授業で、皆さんにとってはそれだけ勉強が大切だということです。家に帰ってからも、それぞれに時間は違いますが、宿題をやったり自主学習に取り組んだりしていると思います。

ところで、改めて考えてみると、学校の授業は教科書があり、先生がいて進みます。宿題も先生に言われたものをやっていますから、自分で考えて自分のやり方で勉強をするということがあまりありません。

しかし、**自分で自分のやり方を考えて勉強をすることで、自分の得意な教科をぐんぐん伸ばすことができます。**こういうのを**「主体的な学習」**といいます。

『吾輩は猫である』『坊っちゃん』などの作品を書いた夏目漱石は、若いころイギリスのロンドンに留学しました。でも、ロンドンの生活やまわりの人との関係がうまくいかなくて、ノイローゼになってしまいます。そして、もう西洋のやり方ではなく、自分のやりたいことを自分のやり方でやるのだと思うようになります。そう考えて創作活動を始め、名作を次々に発表していったのです。

夏目漱石が書いた最初の作品は『吾輩は猫である』ですが、それは西洋のやり方を学ぶのに疲れて、自分のやりたいことを自分のやり方でやったから書けたのだと言えるのかもしれません。

自分のやりたいことを自分のやり方で学ぶことで、自分の才能を引き出し伸ばすことができるのかもしれませんね。学習にとてもよいこの時期に、皆さんも自分のやりたいことを自分のやり方で学んでみてはいかがでしょうか。

【参考文献】
・齋藤孝『1日1話、偉人・名言に学ぶ　大人の教養33』（扶桑社）

October 10

October 10

対象 低学年 中学年 高学年

校外学習に主体的に参加してほしいと伝えたい場面で

自分からワクワクしに行く

さて、来週は校外学習が予定されています。どこに行くかはもうわかっていますよね。清掃センターと浄水場ですね。それから、公園でお弁当を食べる予定です。公園では少し遊ぶ時間もありますが、校外学習は「学習」という名前がついている通り、勉強のために行きます。遊びが中心ではありませんから、そこはしっかり頭に入れておいてください。

では、清掃センターと浄水場を見学するときに、どんな態度で見学をしたらよいでしょうか。少し考えてみてください。

大きな声であいさつをする、話しかけられたらハキハキ答える、メモを取りながら真剣に聞く、などが大事ですね。それからもう1つ、皆さんに心がけてほしいことがあります。それは、自分からワクワクして行くということです。**「どんなところかな」「どんなものがあるのかな」「どんな人が働いているのかな」**といろいろなことに関心をもち、ワクワク

しながら見学してほしいと思います。

これは、タクシーの運転手さんのお話ですが、ある人が行きと帰りに同じ会社のタクシーに乗ったそうです。行きの運転手さんは何だかイライラしていて、何度もつまらないと言っていたそうです。でも、帰りに乗ったタクシーの運転手さんは、車もきれいで機嫌もよく、毎日ワクワクしながら運転している様子が伝わってきたそうです。一緒に乗っていると、自分まで気分がよくなってワクワクしてきたそうです。

「つまらない」とばかり言っている運転手さんと、ワクワクしながら仕事をしている運転手さんでは、お客さんの印象は全然違うでしょう。ですから、清掃センターや浄水場を見学するとき、皆さんがいろいろなことに関心をもち、ワクワクしながら見学したり話を聞いたりすると、**働いている方もワクワクする**のではないでしょうか。そうすると、もっと丁寧にいろいろ説明してくれて、皆さんの勉強も進むと思います。

ぜひ、ワクワクしながら校外学習に参加してみてください。

【参考文献】

・武田双雲『ワクワク人生教室　好きなことだけをして幸せになる50のヒント』（河出書房新社）

校外学習で進んで質問するよう励ましたい場面で

対象 低学年 中学年 高学年

October 10

質問することははずかしいことではない

来週の校外学習では、皆さんの住んでいる町の商店街に行って、お店の中を見せてもらいます。普段はお客さんとしていろいろなお店に行っていると思いますが、お店の人の立場になってみると、お客さんとして行ったときとは違うことがいろいろとわかるのではないかと思います。ですから、校外学習に行ったら、疑問に思ったことやわからないことを、ぜひ積極的に質問してみてください。そうすると、見ただけでは気づかなかったことにも気づけるようになります。

ところで、質問しようとしてもなかなかできないことがあると思います。「こんなことを聞いたら笑われるのではないか」とか、「簡単な質問をするのははずかしいな」などと思ってしまうからです。でも、**はずかしいと思って質問をしないままでいると、疑問に思ったことが解決されなくて後悔することになります。**せっかく校外学習に行くのですから、はずかしがらずに思いきって質問をしてみてください。

　昔、松下幸之助さんという大きな会社の社長さんが、将棋の名人と対局して勝ったことがありました。松下さんが将棋が得意だったからではありません。松下さんは、名人と将棋を指していて、どうすればいいか困ると、「ここではどう指せばいいか」と名人に聞いたのです。すると名人が「こう指すといい」と教えてくれました。それを続けているうちに、名人に勝ってしまったそうです。

　将棋の相手にどう指せばいいかを聞くなんて、普通は考えもしませんし、考えたとしてもはずかしくてできません。でも、松下さんは聞くことの名人だったので、そんなことを少しも気にしませんでした。その結果、将棋の名人に勝つことができたのです。

　質問をするときには、**まわりの人がどう思うかとか、こんなことを聞いたらはずかしいとか、そんなことは考えずに、知りたいことをどんどん聞いてみてくださいね。**

【参考文献】
・月刊『致知』２０１７年12月号

October 10

対象 低学年 中学年 高学年

悩みを主体的に解消する意欲をもたせたい場面で

悩みを逆に活用する

生活をしていると、どんな人でも困ったことや悩みが出てくるものです。

小さいものでは、朝起きたときに眠くて仕方がない、宿題があるので好きなゲームができない、部屋を片づけるのが面倒くさい、といったことです。

ちょっと大きな悩みになると、友達とけんかして仲直りができない、意地悪をされることがある、大きなけがをしてしまった、などでしょうか。

そんな悩みがあるとき、皆さんはどうしますか?

我慢してじっと耐えるという人もいるかもしれません。だれかに相談するという人もいるかもしれません。自分で解決の方法を考えて、いろいろ試してみるという人もいるかもしれません。でも、**どうしたらよいかわからないという人もいるでしょう。**

そこで、悩んだときや困ったときにどうしたらよいか、1つの方法を紹介しましょう。

イーロン・マスクという人がいます。電気自動車や宇宙開発で世界的に有名な人です。イーロン・マスクは少年時代にいじめられたことがあります。読書が好きで友達とあまり遊ばなかったことや、体が小さかったことが原因かもしれません。しかし、いじめられて友達がほとんどいなかった彼は、友達と遊ぶ時間を読書に充て、SF小説をはじめとしてたくさんの本を読みました。そのことが、ロケットや電気自動車の開発につながったのではないでしょうか。

イーロン・マスクはいじめられてひとりぼっちになってしまったことを逆に活用して、たくさんの読書をしました。困った状況、悩んでいる状況だからこそできることを探して、それに打ち込んだのですね。

皆さんも、困ったことや悩んでいることがあったら、**困っている状況だからこそできること、悩んでいる状況だからこそできることを探して、それに打ち込んでみてはどうでしょうか。**そうした逆転の発想で状況を活用することができると、困ったことや悩みもやがて解決に向かうかもしれません。

【参考文献】
・アシュリー・バンス（著）、斎藤栄一郎（訳）『イーロン・マスク　未来を創る男』（講談社）

October 10

対象 低学年 中学年 高学年

プラス思考で自信をもたせたい場面で

できないことより、できることに集中する

世の中には勉強がとてもよくできる人がいます。また、スポーツや楽器が得意な人もいます。明るくだれとでも仲良くなれる人もいます。他の人にはできないくらい努力を続けられる人もいます。

また、その反対に、勉強が苦手で思うようにいかない人もいるかもしれません。スポーツやピアノをがんばっても、うまくなるのに時間がかかる人もいるでしょう。仲良くなるのが苦手で友達が増えない人や、長く続けることが難しい人もいると思います。

何かができないと、それが得意な人と比べて自信をなくしてしまうことがありますね。そうすると、努力したり挑戦したりする気持ちも弱くなり、ますますうまくいかない、ということになりがちです。

しかし、**考え方を変えると、できないことが成功に結びつくことがあります。**

サッカーの日本代表選手として、多くの得点を記録した岡崎慎司さんは、実は足がとても遅かったそうです。どれくらい遅かったかというと、ドイツのチームに入ったとき、足の遅さをチームメイトに驚かれたほどです。しかし、岡崎さんは「足が遅くてよかった」と考えているそうです。足が遅くてテクニックもないと思っていたので、チームのために何ができるかを考え、得点することと守備をがんばることに集中したからです。

いろいろなことが上手にできるのはよいことですが、何でもできると、かえって集中できないということがあるかもしれません。反対に、できないことが多くても、できることだけに集中すると、その力が大いに伸びることもあるのでしょう。

皆さんも、できないことが多いと気にするのではなく、何かできることを見つけてそこに集中すると、その力が伸びていくかもしれませんよ。**「できないことが多い」とマイナスに考えるのではなく、「できることを伸ばす」とプラスに考える**のです。ぜひ、プラス思考で自分の力を伸ばしていってください。

【参考文献】

・岡崎慎司『鈍足バンザイ！　僕は足が遅かったからこそ、今がある』（幻冬舎）

叱られても気にせず前に進むことを教えたい場面で

対象 低学年 中学年 高学年

October 10

「ありがとう」で乗り切る

毎日の生活の中で、「嫌だな」「大変だな」「苦しいな」と思うことが、皆さんにもあるかもしれませんね。そういうことがなければ、毎日が楽しくて幸せなのかもしれませんが、そういう人は少ないかもしれません。

ところで、そういった嫌なこと、大変なこと、苦しいことというのは、むだなことなのでしょうか。

昔から言われている言葉やことわざに、「かわいい子には旅をさせよ」「艱難汝を玉にす」「若いときの苦労は買ってでもせよ」などがあります。これらは、苦労から学ぶことも多く、苦労を乗り越えることで人間が成長できるということを物語っています。

そう考えると、**大変なこと、苦しいことを避けるばかりではなく、それらに立ち向かい乗り越えていくのも大切なこと**だとわかります。

とはいえ、嫌なことや苦しいことを乗り越えるのは大変ですよね？　そこで、1つよい方法を教えましょう。

これは、ある銀行に勤めている人のお話です。その人の友達で、お客さんにどんなにひどいことを言われても、全然気にしない人がいるそうです。どうしているのかというと、何を言われても、心の中で「ありがとう、ありがとう」と繰り返して、ひどい言葉を聞かないようにしているのだそうです。

何か嫌なことや苦しいことがあっても、「ありがとう」と口に出して言ってみると、脳が自然とありがたいことを探してくれるそうです。そうすることで、嫌なことや苦しいことを乗り越え、そこから学ぶことができるのですね。

皆さんも、先生に叱られたり、家の人に叱られたりしたとき、心の中で「ありがとう」と言ってみましょう。叱られたことがそれほど嫌なことではなくなり、素直に学べるかもしれません。テストの結果やコンクールの順位なども、心の中で「ありがとう」を言いながら聞くと、たとえ悪い結果でも、それを乗り越えて成長することができますよ。

【参考文献】

・志賀内泰弘『ポジティブ練習帳』（同文館出版）

失敗から学ぶことの大切さを伝えたい場面で

対象 低学年 中学年 高学年

October 10

失敗を失敗で終わらせない

だれにでも、よかったこともあればよくなかったこともあるのが当たり前ですね。ということは、よかった経験もよくなかった経験も、どちらも生かすことができたら、その分たくさん成長できるということになります。

ところが、私たちは失敗やうまくいかなかったことがあると、後悔したりがっかりしたりしてしまい、それを上手に生かすことができないものです。これはもったいないですね。実は**失敗から学べることはたくさんある**のです。

皆さんもよく知っている、メジャーリーグで大活躍したイチローさんは、あるシーズン、苦手なピッチャーがいてなかなか打てなかったそうです。しかし、そのピッチャーについて聞かれたとき、イチローさんは、「苦手なピッチャー」ではなく、「自分の可能性を引き出してくれるすばらしいピッチャー」と表現したそうです。

自分がなかなか打てなかったピッチャーを、苦手なピッチャーではなく、すばらしいピッチャーだと言ったのです。皆さん、どう思いますか？　私はイチローさんの考え方はすばらしいなと思います。

なかなか打てないということは、イチローさんにとっては失敗体験ですね。その失敗体験を、残念がったり、がっかりしたりするのではなく、自分の成長のためにうまく生かしているのです。失敗を失敗にしていないのですね。こんな気持ちで経験を積んでいったからこそ、イチローさんはすばらしい記録が残せたのかもしれませんね。

こんなふうに、**だれにでもある失敗やうまくいかなかった経験を、自分が成長するための貴重な機会として生かすことができたら、それをきっかけにもっともっと成長できる**のではないでしょうか。

よい経験もそうでない経験も、どちらからもたくさん学んで生かすことができるとよいですね。

【参考文献】

・田坂広志『未来を拓く君たちへ　なぜ、我々は「志」を抱いて生きるのか』（ＰＨＰ研究所）

October 10

October 10

対象 低学年 中学年 高学年

どうすれば学級がよりよくなるかを考えさせたい場面で

自分にできることで学級をよくする

この学級になってから半年以上が経ち、いろいろな活動を一緒にやってきたことで、今は、皆さんにとっても安心できる学級になっていると思います。安心していられるというのは大事なことですね。

そんなよい学級でも、毎日生活していると、いろいろと問題点も見えてくると思います。例えば、先日のアンケートの結果では、「学級が以前よりもよくなってきているか」という問いに対して、4割くらいの人が「特によくなってきているとは思わない」と答えています。悪くなっているわけではありませんが、少し寂しいですね。

そこで、皆さん一人ひとりに、どうすれば学級がもっとよくなるかを考えてほしいと思っています。**学級をよくするために自分にできることはないか**、と考えてもらえるとうれしいです。

江戸時代に華岡青洲というお医者さんがいました。この人は、日本ではじめて全身麻酔で手術をした人です。実はきちんと記録が残っている手術としては、世界ではじめてとも言われています。

それまでの手術は麻酔がありませんでした。麻酔をしないで身体を切るのですから、患者は大変な痛みに耐えなければなりませんでした。華岡青洲は、この患者の痛みをなんとかしたいと思ったのですね。そして、大変な努力をして麻酔薬を完成させ、それを使って多くの患者を救いました。

お医者さんのすることは、どこが悪いのかを見つける、治療の方法を考える、手術の仕方を考える、患者を安心させる…など、たくさんあります。華岡青洲はその中で、自分は麻酔薬をつくって治療をよりよいものにしようと考えたのですね。

皆さんもぜひ、**この学級をよりよくしていくために、自分に何ができるか、自分は何がしたいのかを考えてみてください。**自分にできることで学級がよりよくなっていったら、すばらしいことではないでしょうか。

【参考文献】

・門田隆将、髙山正之『世界を震撼させた日本人』（ＳＢクリエイティブ）

October 10

October 10

対象 低学年 中学年 高学年

避難訓練を真剣に行うことの大切さを伝えたい場面で

本番で役に立つのは普段の訓練

明日は避難訓練です。避難訓練は何のためにするのかわかりますか？　そうです、実際の火事や地震があったときに、安全に避難できるようにするためです。ですから、「ただ決められた場所に歩いていけばいいんだ」という気持ちでやるのではなく、「本当に今、火事や地震が起きている」という気持ちで真剣に取り組まなければなりません。

でも、毎年何回もやっている避難訓練ですから、だんだんと真剣さがなくなってきて、いつもと同じようにただやればいいんだと思ってしまうものです。ただし、慣れてくるというのは悪いことばかりではありません。いざというときに、迷わず行動できることは大事ですからね。

しかし、慣れてくると油断も生まれやすくなります。「これくらいでいいか」「これくらいはいいか」という気持ちになって、本気でやらなくなってしまうのですね。そうすると、悪い方に慣れてしまうことになり、いざというときにうまくいかなくなってしまう可能性が出てきます。ですから、**訓練のときこそ、いざというとき以上に真剣にやらなければならない**のです。

ラグビーの日本代表チームは、現在世界のトップチームが入る「ハイパフォーマンスユニオン」という枠に入っている強豪です。その日本代表チームの監督だった、エディー・ジョーンズさんがこのようなことを言っています。本番で力を発揮するには、普段の訓練が大事で、試合よりもきつくて緊張する練習をするから、試合で力を出せる。

皆さんも経験があると思いますが、練習をしっかりやらなければ試合で力は出せません。勉強をしっかりやらなければ、テストで力は出せません。これと同じように、**避難訓練でも、訓練のときから真剣にやらなければ、いざというときに訓練の通りにできません。**

火災や地震は起きないことを祈りたいですが、万が一起きたときに確実に避難できるように、訓練は真剣に緊張感をもって行いましょう。

【参考文献】
・エディー・ジョーンズ『ハードワーク　勝つためのマインド・セッティング』（講談社）

October 10

November 11

対象 低学年 中学年 高学年

友達への言葉の気配りについて考えさせたい場面で

思いやりのひと言を添える

仲のよい友達とおしゃべりをするのはとても楽しいですね。特別なことをしなくても、おしゃべりをしているだけで、その時間が楽しい時間になるでしょう。

でも、時には、仲のよい友達だからこそ、言葉づかいに思いやりがなくなってしまって、お互いに気まずくなることもあるのではないでしょうか。

例えば、友達から「今日学校から帰ったら遊べる？」と聞かれたとします。でも、その日はピアノの練習が入っています。それで、返事をするときに「遊べない！」だけ言って終わってしまったとします。すると、友達はあまりいい気持ちはしないですよね。

こんなふうに、**仲のよい友達だからこそ「これくらいでいいか」とか、「こんなふうに言っても大丈夫だろう」と自分で勝手に考え、言葉に思いやりがなくなってしまうことがあります。**これではよい友達関係はつくれませんね。相手を思いやるひと言が、友達関係をよりよくするのではないかと思います。

これはアメリカのお話ですが、ある町に引っ越してきた男性が、愛車の整備をしてくれるお店を探していて、何軒か電話をかけました。だいたいのお店は「はい、やっています」とだけ答えたそうですが、あるお店だけは「輸入車専門の店」「店長も輸入車に乗っている」ということをつけ加えて答えたそうです。この答えの方がずっといいですね。この男性も、きっとこの店に整備をお願いしたのではないかと思います。

これは、ただ答えだけを言うよりも、何かひと言つけ加えるとずっといい感じになるということを表していますが、ただ言葉がつけ加えられただけではありません。**ひと言つけ加えることには相手への思いやりの気持ちがある**のです。その気持ちがあるから、ひと言で済ますよりもずっといい感じになるのです。

友達とおしゃべりをするときにも、相手への思いやりを忘れずにいたいですね。

【参考文献】

・デイル・ドーテン『仕事は楽しいかね？２』（きこ書房）

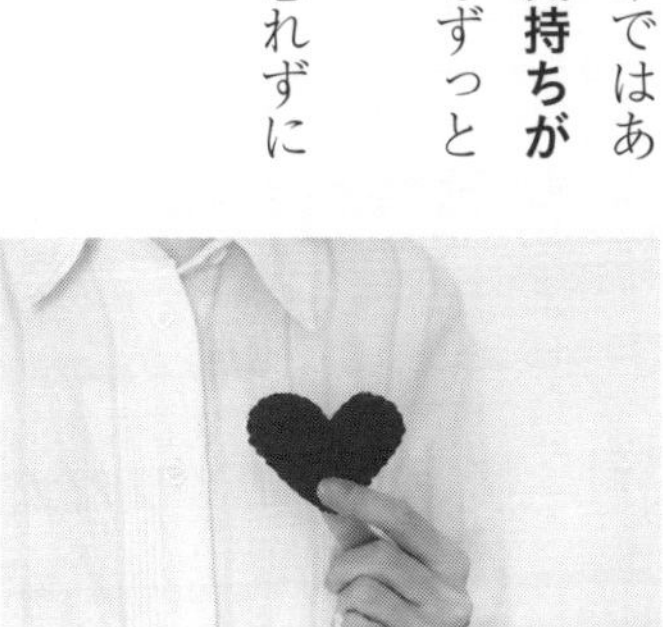

November 11

人権の大切さについて考えさせたい場面で

世界初の提案は日本から

12月10日は「人権デー」です。これは、1948年12月10日に、国連総会で「世界人権宣言」が採択されたことを記念して、1950年の国連総会で決められました。

日本では、この日を最終日とする1週間を、「人権週間」と定めています。12月4日から12月10日の1週間ですね。学校では、少し早いのですが、11月に人権週間が予定されています。皆さんも、標語を考えたり、作文を発表したり、友達のよいところを紙に書いてあげたりすると思います。

人権というのは、少し優しくいうと、**だれもが生まれたときからもっている、大切にされる権利や幸せになる権利、他の人の邪魔をしなければ自由にいろいろなことを言ったりやったりできる権利など**のことです。でも、こういう権利が奪われてしまうことも、悲しいことですが世の中にはあります。例えば、外国人だというだけで仲間に入れなかったり、女性だというだけで責任のある仕事を任せてもらえなかったりすることです。「世界人権宣言」は、このような差別を世界中からなくしていこうという宣言です。

ところで、国籍や人種によって差別することをやめようと、世界で最初の提案をしたのは、実は日本なのです。1919年のことですから、今から100年以上も前です。パリ講和会議で、日本全権に任命された牧野伸顕は「人種差別撤廃提案」を提出して、国際連盟の規約に人種的差別撤廃を入れるように提案したのです。残念ながら、この提案はイギリスやアメリカなどの大国の反対もあって採択されませんでした。

しかし、人権を守ろうという内容の世界初の提案が日本からなされたのは、すばらしいことではないかと思います。

人権はだれにでもあり、だれでも守られなければならないものです。この人権週間をよいきっかけにして、身の回りの人権や差別について考えてみたいですね。そして、日本が世界に先駆けて差別をなくす提案をしたことを誇りにして、自分にできることをしていってほしいと思います。

【参考文献】

・金谷俊一郎『名も無き偉人伝』（マガジンハウス）

November 11

November 11

対象 低学年 中学年 高学年

いろいろな優しさのあり方を考えさせたい場面で

いろいろな優しさ、見えない優しさ

皆さんはどんな人と友達になりたいですか？　こう尋ねると、だいたいの人が1番目か2番目に「優しい人」をあげます。それくらい、優しい人は人気があります。別の見方をすると、たくさんの人が自分に優しくしてほしいと思っているのでしょう。

ところで、皆さんが考える優しさとはどんなものでしょうか。少し考えてみてください。どうでしょう。皆さんが考える優しさというのは、自分の気持ちをわかって自分がそうしてほしいと思うことをやってくれるとか、怒ったり機嫌が悪くなったりしないでいつもおだやかに接するとか、そういうことではないでしょうか。

しかし、私は、優しさというのはそればかりではないと思うのです。

これは、あるお母さんの話ですが、スポーツ選手だった息子さんが大会でけがをしてしまい、体がほとんど動かず、車いすでの生活になってしまったのだそうです。でも、お母さんは息子さんが車いすで転んでしまっても、絶対に起こしてあげないのだそうです。どうでしょう。このお母さんは優しいですか？　皆さんが考える優しさからすると、少しも優しくはないでしょう。でも、このお母さんは、息子さんがいつかは1人で生きていかなければならないから、その日のためにわざと起こしてあげないのです。

そう考えると、このお母さんは本当はとても優しい人だと言えるのではないでしょうか。普通の優しさよりも、もっともっと深い優しさですよね。

こんなふうに、優しさの形にはいろいろあるのではないかと思います。皆さんが考えているのも優しさの1つの形です。また、このお母さんのように、**ちょっと見ると優しくないけれど、実はその中に深い優しさをもっているという形もあります。**

優しさにもいろいろな優しさがあり、中には見えない優しさもあるということを知って、相手の人のことを思いやった本当の優しさを考えられるといいですね。

【参考文献】

・月刊『致知』2016年3月号（致知出版社）

思いやりとおせっかいの違いを考えさせたい場面で

思いやりとおせっかい

対象 低学年 中学年 高学年

November 11

皆さんは思いやりのある人とない人とでは、どちらが好きですか？　聞くまでもなく、思いやりのある人ですよね。相手を思いやることはとても大切で、思いやりのある人になることは、私たちの目標の1つといってもよいと思います。

ところで、相手を思いやるのは大切ですばらしいことではあるのですが、1つ気をつけなければならないことがあります。それが何かわかりますか？　それは、おせっかいにならないようにするということです。例えば、時間がかかっても自分の力でパズルを完成させたいと思っている人を思いやって、パズルの完成を手伝ってしまったら、相手の人はうれしくないですね。これがおせっかいです。

おせっかいにならないようにするためには、行動する前に言葉にして確かめるとよいのです。パズルを完成させようとしている人には、ひと言「手伝いましょうか」と声をかければいいですね。声をかけることこそが思いやりです。

明治時代から大正、昭和にかけて活躍した大変な学者で、道徳についても研究していた廣池千九郎という人がいます。千九郎は、遠くからお客さんが来ると、玄関で歓迎した後ですぐ、「いく日いて帰りますか」と聞いたそうです。ちょっと失礼ではないかと思うのですが、お客さんは帰るタイミングがわからないと不安になるものだからと、このように聞いていたそうです。

千九郎がお客さんを思いやるつもりで、「何日でもいてください」と言ったとしても、お客さんの方では迷惑に感じるかもしれません。きちんと言葉にして聞けば、そういうことはなくなり、お互いに気持ちよく過ごすことができますね。

相手を思いやるのは、とても大切ですばらしいことです。そのときに、**それが本当に相手の人の望んでいることなのかを考えることができれば、さらにすばらしい**ですね。そのためには、言葉にして確かめてみるとよいと思います。ぜひ心がけてみてください。

【参考文献】

・モラロジー道徳教育財団「ニューモラル」仕事と生き方研究会『読むだけで人間力が高まる１００話』（モラロジー道徳教育財団）

November 11

当番や係活動に責任をもって取り組ませたい場面で

必ずやりとげる覚悟をもって取り組む

対象 低学年 中学年 高学年

November 11

学校では、毎日の生活の中で、皆さんそれぞれがいくつかの仕事をもっていますね。このクラスの中で考えてみると、毎日の日直や給食当番や係活動があります。クラスから出てみると、清掃当番とか上級生になると委員会活動とかがあります。

自分の仕事がきちんと決まっていますから、責任をもってその仕事をやらないと、他の人に迷惑をかけることになるかもしれませんね。何より、責任をもって仕事を果たさないと、いい加減な人になってしまうかもしれません。そうなったら人に信頼されなくなり、自分が困ることになります。

ですから、小さな仕事でも責任をもってしっかりやることはとても大切です。

ところで、よく「責任をもってやる」と言われますが、責任をもつとはどういうことをいうのでしょうか。私は、責任をもってやるとは、**必ずやりとげるという覚悟をもって取**

り組むということだと考えています。

江戸時代の終わりころに、安政東海地震という大きな地震が起きました。このとき、ロシアのディアナ号という大きな船が下田港に停泊していて、津波に巻き込まれて沈没しそうになったのです。それを見た地元の人たちは、身体に綱を巻きつけ、決死の覚悟で海に入り、ディアナ号を岸に曳こうとしている小さなカッターボートを岸につなぎ留め、ディアナ号の乗組員を助けたのです。

このとき、地元の人たちは、何が何でも乗組員を助けるという強い覚悟をもって海に入っていったのではないかと思います。こういう覚悟をもって仕事を行えば、仕事がうまくいくことも多いでしょう。

皆さんの毎日の仕事は、もちろん、このエピソードのように命がけでするような大変なことではありません。それでも、自分の仕事を責任をもってやろうと思ったら、「必ずやりとげるのだ」という強い覚悟をもって行うという点では、見習うことができるのではないかと思います。ぜひ、覚悟をもって仕事をしてみてください。

【参考文献】

・占部賢志『語り継ぎたい　美しい日本人の物語』（致知出版社）

どんな仕事も極めるとすごいことを伝えたい場面で

対象 低学年 中学年 高学年

November 11

仕事を極める

皆さんが今やることの第一は勉強ですが、勉強の他に何か仕事をすることがあると思います。その仕事をするときに、どんなことを考えてやっていますか？

何も考えずに、ただ割り当てられたからやっているという人もいるかもしれませんね。もちろん、何も考えずに仕事をしていても、その仕事は他の人のためになっているのですから、悪いことではありません。でも、せっかく自分の時間と自分の力を使って仕事をするのですから、仕事をすることが何か自分のためになるのなら、仕事をする甲斐があるというものではないでしょうか。

こんなことをいうと、自分がやっているのはつまらない仕事で、仕事をする甲斐はないなと思う人もいるかもしれません。でも、そんなことはないのです。どんな仕事にも、仕事をする甲斐は見つかるのです。

仕事をする甲斐を見つけるためには、その仕事を極めることが必要です。極めるとは、**その仕事が最高に上手にできるようにする**ことです。

井上さんという靴磨きの人のお話です。井上さんは「靴磨きの源さん」と呼ばれていました。源さんの仕事は靴磨きです。お客さんの靴を磨く仕事です。1回磨いて1000円か2000円です。でも、源さんは磨く靴のはじめの状態を知りたくて、何十万円もする靴を自分で買って研究します。靴墨も自分で工夫してつくってしまいます。季節や天気に合わせてクリームを使い分けます。こうすることで、日本の首相から海外の大スターまでが、源さんに靴を磨いてもらいに来るのです。

靴磨きという仕事は、どちらかというとあまり人気がありません。地味で目立たない仕事です。でも、源さんは靴磨きを極めることで、する甲斐のあるすばらしい仕事にしています。

このように、**どんな仕事も、極めればやる甲斐のあるすばらしい仕事になります。**皆さんも、自分の仕事を極める気持ちで取り組んでみてほしいと思います。

【参考文献】
・松島修『聖書に隠された成功法則』（サンマーク出版）

家庭での学習の仕方について考えさせたい場面で

対象 低学年 中学年 高学年

November 11

苦労して学ぶことの効果

学習に取り組みやすい季節になりましたね。そこで今日は、勉強について改めて考えてみたいと思います。

皆さんは家で自主学習をすることがあると思いますが、そのときに自分のやり方が決まっていて、いつもそのやり方でやっているという人はいますか?

実は、勉強にはその人に合ったやり方というものがあります。漢字の練習をするときでも、漢字を見て1回か2回書いてみただけで覚えて書けるようになる人もいれば、何回も何回も練習しないと覚えられない人もいます。

なかなか覚えられない人が、すぐに覚えられる人と同じ勉強のやり方をしても、覚えられません。覚えるのが苦手な人は、自分が覚えやすいやり方で勉強するとよいのです。

そう考えると、覚えるのが苦手でなかなか覚えられない人は、簡単に覚えられる人に比べて苦労ばかりが多いと思うかもしれませんが、そうでもありません。**苦労して覚えた方が忘れにくい**からです。

アメリカの大統領のリンカーンは、勉強はあまり得意ではなかったそうです。リンカーンのいとこは、リンカーンのことを「少し鈍い少年」だと思っていたようです。リンカーン自身も、何を学ぶにも大いに苦労すると言っています。ただし「学んだことはなかなか忘れない」とも言っています。

リンカーンのように、覚えたり理解したりするのに苦労をしたときの方が、よくわかったりよく覚えられたりすることがあるという研究結果もあります。覚えるのに苦労をするということは悪いことばかりではないのですね。

大事なのは、**自分に一番合う勉強の仕方はどういうものかをいろいろ試しながら見つける**ことです。学習に取り組みやすいこの時期に、自分に合った勉強のやり方が見つかるといいですね。

【参考文献】

・イアン・レズリー『子どもは40000回質問する』（光文社）

November 11

家庭で学習をする際の心構えを伝えたい場面で

対象 低学年 中学年 高学年

November 11

忙しくてもどこかに時間はある

皆さんは、家に帰っても何かと忙しいのではないでしょうか。曜日によっては習い事をしている人もいるでしょう。毎日のように野球やサッカーの練習があるという人もいますね。その他に、妹や弟の世話をしなければならなかったり、おうちの用事で出かけたりお手伝いを頼まれたりするかもしれませんね。それに、好きなテレビ番組を見たり、ゲームをしたり、友達と遊んだりもしたいですよね。

そんなふうに、やりたいことややらなければならないことがたくさんあると、宿題をする時間や自主学習をする時間がなくなってしまうでしょう。そうなると、宿題や勉強を適当にやって終わりにしてしまったり、やらずに済ませてしまったりするかもしれません。

そういう生活を続けていると、宿題ができないだけではなく、その他のことも適当に済ませてしまうようになってしまうかもしれません。ですから、そうならないためにも、忙しい中で時間を見つけて宿題に取り組むことがとても大切になってきます。「忙中閑あり」ということわざがありますが、**忙しい中でも意外に時間はあるもの**です。

江戸時代、二宮金次郎という大変真面目でよく働く少年がいました。親を亡くし、伯父に引き取られ、朝早くから夜中までよく働きました。字が読めるようになりたくて『大学』という本で夜中に勉強していたところ、灯油を使ったことを伯父に厳しく叱られました。自分でアブラナを育てて灯油を手に入れましたが、それでも伯父は勉強を許しません。そこで金治郎は、干し草や薪を山へ取りに行く往復の時間に勉強しました。金次郎はやがて大変立派な人になり、たくさんの貧しい村を立ち直らせました。

朝から夜中まで仕事をしている金治郎には、勉強をする時間がありませんでした。それで夜中に勉強したのですが、それも叱られてしまいました。そこで仕事をしながら勉強することを思いついたのです。

こんなふうに、忙しい中でも時間を見つけることは意外にできるものです。皆さんも金治郎を見習って、時間を積極的に見つけてみてはいかがでしょうか。

【参考文献】

・内村鑑三『代表的日本人』（ＰＨＰ研究所）

November 11

対象 低学年 中学年 高学年

やる気が出ないときにどうするかを伝えたい場面で

やる気が出ないときの解決法

宿題をやらなければならないのにやる気になれない、ピアノの練習をしなければならないのにやる気になれない、皆さんにもこういうことがあるのではないかと思います。

そんなとき、皆さんはどうしていますか？　時間ギリギリまでやらないでいて、もうだめだというときになってしょうがなくやるとか、家の人に叱られてしょうがなくやるとか、そんなことが多いのではないかと思います。

どうせやるなら、さっさとやってしまった方がいいと思うのですが、それがなかなかできないのが人間ですね。**やらなければならないとわかっていても、それだけではやる気は出ないもの**です。

そこで今日は、やる気が出ないときにどうしたらよいかについて、1つのヒントを皆さんに教えたいと思います。

実は人間の脳は、一度行動を始めると、なかなかやめられないという性質があるそうです。ですから、やる気を出すには、とにかく始めてみるということが必要になります。そうはいっても、やりたくないことですから、そもそも始めることが大変ですよね。そこで、やり始めるための障害をなるべく減らしておくとよいそうです。ある作家の方は、書くことが決まってなくても、時間を決めて机に向かうそうです。そうすると、そのうちにやる気が出てくるそうです。

このやり始めの一歩は、**簡単にできるものにしておくとよい**のです。どうしても宿題をする気になれなかったら、机に座ってノートを開くということにしておくわけです。そこでストップしてしまってもかまいません。もともとやる気が出ないのですから、同じことです。でも、ノートを開けば、1行でも書いてみよう、1題でも問題を解いてみようという気になるかもしれません。そうしてスタートしてしまえば、今度は脳の性質でなかなかやめられないのですから、そのまま宿題をやってしまうということになります。

ぜひ、やる気が出ないときに試してみてください。

【参考文献】

・堀田秀吾『科学的に元気になる方法集めました』（文響社）

慣れからくる気の緩みを戒めたい場面で

対象 低学年 中学年 高学年

November 11

何気なくやっていることを見直す

〇年生での生活も半分以上が過ぎました。皆さんも4月のころの気持ちはすっかり忘れてしまったのではないでしょうか。生活に慣れてきたからですね。

今、突然すごく大きな音がしたとすると、皆さんはとても驚くと思います。でも、同じ音が2回、3回と続くと、だんだんと驚かなくなるでしょう。これは、皆さんがその音に慣れてくるからですね。

このように、最初は驚いたり新鮮に感じたりすることでも、何度も繰り返されると、人はだんだん慣れてきます。そうして、**驚きや新鮮さをあまり感じなくなっていく**ものです。

慣れるということにはよい面もあります。いつもいつも同じように驚いていては疲れてしまいますから、その点では驚かなくなるのはよいことですね。心配も減ってくるでしょう。物事が上手にできるようにもなります。

しかし、はじめのころの新鮮な気持ちがなくなってしまうと、同じことをしていても真剣さがなくなり、油断してミスをしてしまうことがあります。そこで、ときどきは自分が普段やっていることがきちんとできているか、点検してみることが必要になります。点検することで、気持ちを新しくして取り組むことができますし、何か新しいことに気がつくこともあるでしょう。

困っている人を助けることに一生を捧げたマザー・テレサという人が日本に来たときのことです。マザー・テレサは、新幹線のホームの自動水飲み機のところで使用済みの紙コップを見つけ、まだ使えるので「カルカッタに帰れば宝物」と言って集めたそうです。

私たちは、一度使った紙コップはごみだと考えます。しかし、見方を変えれば、何かに使えるかもしれません。**普段当たり前のようにやっていることを、もう一度見直してみることの大切さ**を、マザー・テレサは教えてくれているように思います。

皆さんにも、生活に慣れてきて、毎日何気なくやるようになっていることがあると思います。それをもう一度点検をしてみるとよいのではないでしょうか。

【参考文献】
・濤川栄太『わが子に読んで聞かせたい偉人伝』（中経出版）

主体的に取り組む気持ちをもたせたい場面で

対象 低学年 中学年 高学年

November 11

やろうと思えば何でもできる

「主体的」という言葉があります。どういう意味かというと、他の人に言われて行動したり、他の人の言う通りに行動したりするのではなく、自分で考えて行動したり、自分で判断して行動したりすることです。

自分で考えて行動するというのは、言われてみれば当たり前のことで、簡単そうに思えますが、実際に自分で考えて行動するのは意外に難しいものです。なぜかというと、人は考えたり判断したりすることを面倒くさいと思ってしまったり、間違えたり失敗したりすることが嫌で自分で判断したくないと思ってしまったりするからです。

しかし、そういうことばかりしていたら、本当に困ったときに自分で解決することが難しくなってしまうでしょう。また、**自分の考えで行動しなかったら、自分が本当にやりたいことや目標に向かっていくこともできません。**ですから、主体的に行動することが大切になってきます。

主体的に行動できるようになるためには、どうしたらよいのでしょうか。そのためには、**「自分はやろうと思えば何でもできる」とまず強く思う**ことです。

りんごが落ちるのを見て引力に気づいたニュートンは、実は小さいころ弱虫でした。小学校に入るとよくいじめられたそうです。でもある日、いじめられたニュートンは怒って、いじめた上級生に飛びかかって追い払ったそうです。そのことをきっかけに、ニュートンは、やろうと思えばなんでもできると考えるようになり、勉強もがんばってすばらしい成績を取ったそうです。

ニュートンはそれまであまり自信をもてない生活をしていたのではないかと思います。それが「自分はやろうと思えば何でもできる」と思うようになったことをきっかけに、主体的に行動するように変わっていったのですね。

皆さんも、まず「自分はやろうと思えば何でもできる」と強く思うことで、主体的に行動することに挑戦してみてください。

【参考文献】

・主婦の友社（編集）『3分で読める　偉人のおはなし』（主婦の友社）

November 11

対象 低学年 中学年 高学年

学習発表会への参加態度を考えさせたい場面で

はずかしがらずに思いきりやる

来週はいよいよ学習発表会ですね。皆さんが何週間も練習してきたことを発表するときです。発表は、他の学年の子どもたちも見ていますし、おうちの方も見にいらっしゃると思います。練習の成果がちゃんと発表できるといいですね。

ところで、上手に発表をするときに大事なことはどんなことだと思いますか？　少し考えてみてください。

大きな声で発表することも大事ですね。それから、練習の通りに間違えないで発表することも大事です。でも、失敗することを心配し過ぎないことも大事ですね。

その他に大事なことは、**はずかしがらないで発表する**ということです。皆さんは、大勢の前で発表することはあまりないと思いますから、本番でみんなの前に出るとはずかしくなってしまうことがあると思います。発表している人がはずかしがっていると、見ている人も、何となく落ちついて見ていられなくなってしまうものです。ですから、はずかしがらずに思いきってやるのが大事なことなのです。

皆さんは、小島よしおさんというお笑いの分野で活躍している方を知っていると思います。小島さんはしばらく前から子ども向けのお笑いライブをやっています。最初のころは子どもたちが全然集まらないし、笑うどころか泣き出してしまったりして大変だったそうですが、今では大人気です。その小島さんは、他の芸人さんたちがはずかしくてできないようなことでも、はずかしがらずに思いっきりやるそうです。そうすると、子どもたちも思いきり楽しんでくれるのだそうです。

私たちは小島さんのようなプロではありませんが、はずかしがらずに思いっきりやるという発表の仕方は参考になるのではないでしょうか。**皆さんが舞台の上で、はずかしがらずに思いっきりセリフを言ったり歌ったりすると、見ている人たちも思いきり楽しめる**と思います。

学習発表会でははずかしがらずに思いっきり発表しましょう。

【参考文献】

・小島よしお『キッズのココロわしづかみ術』（主婦と生活社）

December 12

対象 低学年 中学年 高学年

通知表の内容を気にしている子を励ましたい場面で

失敗は成功のもと

まもなく2学期が終わりますね。終業式の日には、皆さんに通知表が渡されます。楽しみにしている人もいると思いますが、あまり楽しみではないという人もいるでしょう。楽しみではないという人は、もしかしたら、成績があまりよくないということを、だめなことだと考え過ぎているのではないでしょうか。

皆さんは、次のようなことわざを聞いたことがありますか？

「失敗は成功のもと」

「けがの功名」

「雨降って地固まる」

どれも、**失敗やよくないことが、かえってよい結果につながる**というような意味です。

昔からこのようなことわざがあるということは、そういうことが生活の中で起こることがあるということですね。２学期の成績がたとえあまりよくなかったとしても、それがかえってよい結果につながることがあるということです。

皆さんは病気に罹ったときに薬を使うと思いますが、多くの治療で使われるペニシリンという抗生物質があります。これを発見したのはフレミングという医者です。彼は抗生物質の開発中、うっかりバクテリアの入ったガラスの皿にふたをするのを忘れてしまい、カビが生えてしまったそうです。ところが、そのカビにバクテリアを殺す成分をもつ物質が含まれていることを偶然発見したのです。

研究中のバクテリアの入った皿にふたをするのを忘れてしまったのですから、普通だったらそれは失敗です。やり直しをしなければなりません。しかし、ペニシリンという抗生物質は、その失敗があったからこそ発見されたのですね。

こんなふうに、失敗をすることが成功につながる場合があります。**２学期の成績があまりよくなかったとしても、そのことを3学期からの学習や生活に生かせば、成功につなげることができる**と思いますよ。

【参考文献】
・リチャード・ワイズマン博士『運のいい人の法則』（角川書店）

December 12

怠け心に克とうとする意気込みをもたせたい場面で

対象 低学年 中学年 高学年

December 12

弱い自分に負けない

もうすぐ皆さんが楽しみにしている冬休みが始まりますね。冬休みには、日本の伝統的な行事もあり、皆さんもワクワクしていることでしょう。

夏休みほど長くはありませんが、それでも2週間もの長いお休みですから、気をつけないと体調を崩してしまうかもしれません。年末やお正月には、おいしいものを食べることも多くなると思いますから、食べ過ぎにも注意したいですね。

ところで、冬休みは寒いので家の中で過ごすことが多くなってしまい、何となく動くのが面倒くさくなってきませんか。そうなると、やらなければならないことも、ついつい後回しになってしまい、あと少しで3学期が始まるというのに宿題が終わらない、なんてことにならないとも限りません。

そうならないためには、**怠け心を起こしてしまう弱い自分に負けないことが大事**です。

今から140年くらい前の話です。そのころは、天気予報のもとになる気象の観測がうまくいきませんでした。なるべく高いところで長い期間の観測が必要だったのですが、寒さの厳しい冬の観測ができなかったのです。この厳しい観測に、若い野中到、千代子夫妻が挑みました。冬の富士山頂。恐ろしいほどの寒風で、観測機も凍りつく中、凍傷や高山病に耐えて2時間ごとの観測を82日間も続けたのです。しかも、限界を迎えた2人を救助した救助隊に向かって、もうしばらく続けさせてほしいと泣いて頼んだそうです。

野中夫妻がもしも自分に負けてしまっていたら、この世界初の快挙を成しとげることはできなかったでしょう。自分に負けず、やるべきことをやり続けたから、成しとげることができたのだと思います。

私たちはだれでも、心の中に弱い自分をもっています。その弱い自分はいろいろなところで顔を出し、私たちを怠けさせようとします。その**弱い自分に負けないことが、やるべきことをやりとげるためには必要**です。

心の中の弱い自分に負けないで冬休みが過ごせるといいですね。

【参考文献】

・占部賢志『語り継ぎたい　美しい日本人の物語』（致知出版社）

December 12

対象 低学年 中学年 高学年

1年を振り返って自分の成長を考えさせたい場面で

やり残したことをやりきる

12月に入りました。今月で今年は終わりなので、この1年を振り返ってみましょう。

この1年を振り返って、皆さんはどのようなところが前よりも成長できたと思いますか？　今までできなかったけれどできるようになったこと、前からできていたけれどももっと上手にできるようになったこと、うまくできなかったけれども挑戦はしたこと、辛いけれど毎日続けられたことなどを思い出してみましょう。

成長できたことを思い出してみると、反対に成長できなかったことも思い出されるかもしれません。挑戦もしなかったこと、前よりもできなくなってしまったこと、途中でやめてしまったことなどです。

12月はそういうことにもう一度挑戦してみる月でもあります。やろうとしてやれなかったこと、やり残してしまったことをやりきってみましょう。

イギリスの歴史家のカーライルは、『フランス革命史』というすばらしい本を書いた人ですが、ある日その原稿を友達に貸したことがあります。ところが、友達の家のお手伝いさんがそれをゴミだと思って燃やしてしまったのです。カーライルはすっかりやる気をなくしてしまったのですが、奥さんに、書き直さないで済むなら書く必要がなかったのではないかと言われ、やる気を取り戻してもう一度全部書き直したのだそうです。

カーライルは、奥さんのひと言で、自分はどうしてもこの本を書きたいと思っていたのだということに気づいたのだと思います。それで、大変な量の原稿をもう一度書こうと決意したのでしょう。

皆さんも、この1年間を振り返って、どうしてもやっておきたかったこと、やっておかなければならなかったことがあれば、ここでもう一度、自分の気持ちを考えてみましょう。そして、**本当にそれをやってみたい、やっておきたいと思ったら、今ここから挑戦してみるとよい**のではないでしょうか。

【参考文献】

・日野原重明『今日すべきことを精一杯！』（ポプラ社）

お正月に向けて日本の歴史や伝統を伝えたい場面で

対象 低学年 中学年 高学年

December 12

おしっこにも神様がいる

昔話を読んでいると、たくさんの神様が出てきます。日本には昔からいろいろなものや場所に神様がいると信じられてきました。

神様は、時には私たちにとても優しくしてくれますが、時にはとても大きな力を使って私たちをこらしめ、大事なことを教えてくれることもあります。そんなとき、昔の人は、「神様がお怒りになっていらっしゃる」と言って、自分たちの行いを反省しました。

皆さんの中にも、何か大事なことをする前に、神様にお願いをしたり、お祈りをしたりしたことがある人もいるかもしれませんね。そんなとき私たちは、はっきりはわかりませんが、**自分たちにできないことをすることができる、何か偉大なものがいることを、無意識に信じているのかもしれません。**

神様について、こんなお話があります。

ある人の5歳になる息子さんが、公園のトイレでおしっこをした後で、トイレの便器に手を合わせておじぎをしたのだそうです。それで、何をしたのかを尋ねると、おしっこの神様を拝んだと言ったのだそうです。

皆さんは、このお話を聞いておかしいと思いますか？

実は、日本ではおしっこにも神様がいるのです。『古事記』という古い本に、いざなみのみことが火の神を生んだときに火傷をしてしまい、苦しんでおしっこをしたところ、そのおしっこからみづはのめのかみという神様が生まれたと書いてあります。おしっこにも神様がいると考える日本の文化は独特でおもしろいですね。

12月から1月にかけては、大晦日や大掃除、年越し蕎麦、お正月、初日の出、おせち料理、年賀状、お年玉など、日本の文化に触れたり体験したりする機会が多くなると思います。そんなとき、辞書やインターネットなどで、意味や歴史を調べてみるといろいろとおもしろいことがわかると思いますよ。

【参考文献】

・野口嘉則『心眼力』（サンマーク出版）

December 12

対象
低学年
中学年
高学年

自分の弱い心に克つ方法を紹介したい場面で

お天道様が見ている

日本には昔から「お天道様が見ている」という考え方があります。聞いたことがある人もいるのではないでしょうか。おじいさんやおばあさんがそのようなことを教えてくれたかもしれませんね。

「お天道様が見ている」というのはどういうことでしょうか。お天道様というのはお日様、太陽のことです。「太陽が見ていますよ」ということです。

私たちはときどき、心が弱くなってしまって、自分に負けてしまうことがあります。「これくらいはいいか」と思ってさぼってしまったり、いけないことをしてしまったりするのです。でも、だれかに見られているときには、あまりそういうことはしません。だれも見ていないときに、心が弱くなってしまうものです。

ということは、いつでもだれかに見られていると思っていれば、弱い心に克つことができるのです。そこで、昔の人は、**「だれも見ていなくてもお天道様は見ているから、自分の弱い心に負けずにがんばれ」と自分を励ました**のです。

タマゴボーロというお菓子をつくっている竹田製菓という会社の会長さんだった竹田和平さんは、戦争が終わってすぐの大変な時代にも、お菓子に値段の高い新鮮な卵を使いました。新鮮でない安い卵を使ってもだれにもわからなかったのに、です。ある日、どうしてそうしたのかと尋ねられて、和平さんは、子供のころ天が見ていると教わったから、お天道様の下を堂々と歩きたかった、と答えたそうです。

和平さんはもうお亡くなりになっていますが、こういうところに「お天道様が見ている」という考えが生きているのだと思います。

皆さんも、毎日の生活の中で、「どうせだれも見ていないのだから」と思って、自分の弱い心に負けそうになることがあると思います。そんなときには、**「だれも見ていないけれどもお天道様が見ている、お天道様の下を堂々と歩きたい」**と、考えてみましょう。そして、自分の弱い心に克てるようになるといいですね。

【参考文献】
・本田晃一『日本一の大投資家から教わった人生でもっとも大切なこと』（フォレスト出版）

手洗いやうがいを励行させたい場面で

対象 低学年 中学年 高学年

December 12

本気で効果を信じる

冬になると、かぜやインフルエンザが流行しますね。皆さんの中にも、インフルエンザの予防接種をした人がいると思います。

予防接種もインフルエンザを予防する有効な方法の1つですが、もう1つ、毎日だれでも簡単にできる予防の仕方がありますね。そうです、手洗いです。学校でも、休み時間になると「手洗い、うがいをしましょう」という放送が流れていますから、皆さんもよく知っていると思います。

ところで、手洗いやうがいをした方がよいのは学校にいるときばかりではありません。学校から家に帰ったときにもするのがよいのです。でも、学校ではするけれど、家ではしないという人もいるのではないでしょうか。

その理由は、手洗いをするとインフルエンザの予防になるということを、本気で信じていないからではないかと思います。**人は本気で信じていないと、それをやるかどうか迷ったり、やらなかったりしてしまうもの**です。

こんなお話があります。ある人が砂漠を旅していて、やっと水を汲むポンプのある小屋にたどり着きました。でも、ポンプを動かしても水は出ません。そばに水の入った瓶があり、まずこの水をポンプに入れないと水は出ない、と書いてあります。その人は、この水を飲むか、ポンプに入れるか迷いました。ポンプに入れても水が出なかったらむだになってしまいますからね。この人は、書いてあることを信じてポンプに水を入れました。すると、たくさんの水が出て、水をたっぷり飲むことができました。

こんなふうに、わかっていても信じていないと、それをしようと思えないものです。手洗いが、かぜやインフルエンザの予防に効果があり、うがいもかぜの予防に効果があるということは、日本はもちろん外国でも言われています。**だれにでも手軽にできて、一定の効果がある方法**ですね。

冬を元気に乗りきるためにも、効果を信じて行ってみてください。

【参考文献】
・デニス・キンブロ、ナポレオン・ヒル『思考は現実化する　あきらめなかった人々』（きこ書房）

冬休みの生活で気をつけたいことを伝える場面で

対象 低学年 中学年 高学年

December 12

頭と健康は関係している

間もなく冬休みになりますね。冬休みにはいろいろな行事がありますから、皆さんも楽しみにしていることと思います。クリスマスとか、大晦日とか、お正月とか初詣とか、想像するだけで楽しくなりますね。

ところで、いろいろな行事があると、たくさんの人も集まりますし、人が集まっている親戚の家などに行くこともあって、にぎやかに過ごすと思います。また、時間もあるし、お年玉をもらってお金ももっているし、遊びに出かけることが増えるでしょう。

そうなると、どうしても、学校に行っているときのように勉強をするというわけにはいかなくなります。毎日楽しく過ごしているだけで、あまり頭を使わない生活になるでしょう。アリとキリギリスのお話に出てくるキリギリスのような生活ですね。

そのような生活を続けていると、自分で考えるということをだんだんとしなくなりますから、生活が乱れてきて、身体の調子も悪くなってくることがあります。実は、**頭を使うということは健康な生活と関係がある**のです。

これは、87歳のあるお年寄りの方のお話ですが、ほとんど寝たきりでトイレにも行けなかったそうです。世話をしていた娘さんは、ある学習塾の先生をしていたので、ボケ防止にいいだろうと思い、あるときから塾で使っているプリントをさせてみたそうです。すると、算数のプリントに興味をもって、1日何時間も取り組むようになりました。やがて、自分でトイレにも散歩にも行くようになり、食欲も出て、健康になったそうです。

このお年寄りは、プリントをどんどんやることで頭を使い、自分でいろいろと考えることができるようになったのではないかと思います。そして自分の生活を見直すようにもなったのでしょう。問題に正解するという楽しみもあったかもしれません。

こんなふうに、**頭を使って考えることで、生活の質がどんどん向上していくことがあります。**ですから、冬休みの間も、毎日勉強して頭を使うことで、生活が乱れにくくなるのではないかと思います。皆さんもぜひ心がけてみてください。

【参考文献】
・公文公『悪いのは子どもではない　公文式教育法81のポイント』（くもん出版）

目標に対する意識を高めたい場面で

対象 低学年 中学年 高学年

January 1

目標をもち続けることの効果

3学期が始まりました。3学期の始まりは、新しい1年の始まりでもありますね。皆さんも新しい気持ちで新年を迎えたことと思います。

「1年の計は元旦にあり」という言葉がある通り、その年の計画や目標は、その年のはじめに立てるとよいと言われています。皆さんも3学期の目標を立てると思いますが、それは今年1年の目標にも関係してくるでしょう。

ところで、1学期にも2学期にも目標を立てました。そのときに、目標をもつことの大切さを話しましたが、もう一度ここで目標について考えてみましょう。

皆さんは、植村直己という人を知っているでしょうか。登山家で、日本人ではじめてエベレストに登った人です。その他にも、世界ではじめて単独で犬ぞりで北極点に到達したりしました。冒険家でもあったのです。

その植村さんは、子供のころ、あまり目立つことのないはずかしがり屋の子でした。勉強も普通でした。その植村さんが、あるときお父さんに大きな声で、大人になったら何かで世界一になると言ったそうです。

植村さんはその後、世界一とも言える登山家になっていくのですが、子供のころにお父さんに言った目標をずっと心の中にもっていたのではないかと思います。

「カラーバス効果」という現象があります。例えば、今日のラッキーカラーは黄色だと思っていると、身の回りの黄色のものがいつも以上に目につく、というようなことです。**心の中で思っていることを、私たちは自然に見たり聞いたりしてしまう**のです。

これと同じで、目標をずっと心の中にもち続けていると、その目標に関係することが自然に目についたり耳に入ったりします。**そのたびに目標を達成しようという気持ちが強まったり、目標を達成するために役立つことが手に入ったりしますから、いつか目標を達成することができる**のではないでしょうか。

せっかく立てた目標ですから、ずっと心の中にもち続けてみるといいですね。

【参考文献】

・濤川栄太『わが子に読んで聞かせたい偉人伝』（中経出版）

January 1

新年を迎え改めて意欲を高めさせたい場面で

対象
低学年
中学年
高学年

January 1

言葉が体や気持ちをコントロールする

新しい年を迎えたので、何だか気持ちも新しくなったような気がしませんか？そんな気分のときは、新しいことを始めたり、今までやっていることを新しい気持ちでやってみたりするよいチャンスです。3学期が始まった今は、いつも以上にやる気が高まるときですから、このチャンスを生かして勉強や運動や習い事に取り組んでみましょう。

ところで、**「初頭努力」**と**「終末努力」**という言葉があります。初頭という言葉の意味は、何かの最初の時期のことで、終末という言葉は反対の最後の時期のことです。何かをやるとき、最初と最後というのは特にやる気が高まるのです。ですから、新しい年が始まり、3学期も始まった今は、やる気が特に高まる時期なのですね。

でも、最初と最後にやる気が高まるということは、その間はやる気が少し低くなるということでもあります。皆さんも、最初はやる気が高かったのに、だんだんとやる気がなくなってくるということを経験したことがあると思います。そこで、少しやる気がなくなってきたときにやる気を高める方法を教えましょう。

ある大学の先生が、こんな実験をしました。何人かの人に握力を測ってもらいます。何もしないで普通に測ったときと、「グゥーッ!」と声を出して測ったときとを比べてみると、10人のうち8人の人が、声を出したときの方が握力が高かったのだそうです。かけ声が握力アップにつながったのです。このように、言葉が体や気持ちをコントロールすることがあるのだそうです。**やる気をアップさせたいときには、「ヨッシャーッ!」と叫んで両手をギュッと握ってみるのもよい**そうです。

新しいことを始めたり、新しい気持ちで何かを始めたりすると、最初はやる気が高まっていても、そのやる気はだんだんと下がってきてしまうものです。そんなときは、声を出してやる気の出るポーズをしてみるといいですよ。

やる気が高まっているこの時期に、改めていろいろなことにチャレンジすることができるといいですね。

【参考文献】

・藤野良孝『脳と体の動きが一変する 秘密の「かけ声」』青春出版社

January 1

January 1

対象 低学年 中学年 高学年

必要なことをやり続けることのよさを伝えたい場面で

やり続ければ遠くまで行ける

皆さんは、毎日の生活の中で、やらなければならないことがいくつかあると思います。例えば、学校に行かなければならないとか、宿題をやらなければならないとか、毎日ピアノの練習をしないといけないとかです。その中で、やった方がいいということはわかっていても、ついついさぼってしまうようなことがありませんか?

だれでも面倒なことや辛いことはできればやりたくないと思うものですから、そういう気持ちになることもあるでしょう。そして、やらないことが続いて、いつの間にか全然やらなくなってしまったことがあるかもしれません。

しかし、皆さんが毎日やらなければならないことには意味があります。それをやることで、皆さんの目標に一歩ずつ近づいていくということです。そのためには、やり続けるということが大切ですが、このやり続けるということにはとても大きな力があるのです。**特**

別なことでなくても、長くやり続けるとすばらしい成果が現れます。

かつて、ゲーリー・プレーヤーというすばらしいプロゴルファーがいました。ある日、あなたのようにボールを飛ばすにはどうすればいいかと尋ねられ、朝5時からボールを1000個打ち、手のまめがつぶれて血が出るので、クラブハウスに戻って手を洗って包帯を巻き、またさらに1000個のボールを打つ。ただそれだけだ、と答えたそうです。

やっていることは、確かにただボールを打つだけです。でも、それを1日に2000回続ける、しかも1日や2日ではなく、できる日にはずっと続けていたのです。まさに、長くやり続けたからこそ名選手になれたのではないでしょうか。

皆さんが毎日やらなければならないことの先には何があるのでしょうか。**改めてそれを考えてみると、今やらなければならないことをやり続けることの効果もわかってくる**のではないかと思います。

ぜひ、やり続ける人になってください。

【参考文献】

・田中信生『魅力ある人間関係』（いのちのことば社）

January 1

時間の大切さについて考えさせたい場面で

対象 低学年 中学年 高学年

January 1

仕事にも人生にも締切がある

皆さんは次の言葉を聞いたことがありますか？　また、意味を知っていますか？

（次の言葉を板書する）
・一月往ぬる　二月逃げる　三月去る（いちげつぃぬる　にげつにげる　さんげつさる）
・光陰矢の如し
それぞれ**「正月から3月までは何かと慌ただしく、あっという間に月日が過ぎてしまう」「月日は矢が飛んでいくように、あっという間に過ぎてしまう」**という意味です。

時間はたくさんあるように思っていても、いつの間にか経ってしまいますね。夏休みや冬休みで、皆さんもこのことを実感しているのではないでしょうか。

今は1月ですから、「新しい学年になるまでは、まだまだ時間があるな」と思っていても、あっという間に過ぎてしまいます。

「料理の鉄人」と言われた料理人の道場六三郎さんは、修業時代、人が3年かかって覚える仕事を1年で身につけようとして励んだそうです。人がネギを2本持って切っていたら、道場さんは3本持って切り、それを4本5本と増やしたそうです。そうして、仕事を早く片づけたそうです。

道場さんは、人生にも仕事にも締切があるから、それに間に合わせるために、時間をむだにしないで何事もテキパキとこなすことが必要だといいます。そういう気持ちでいつも仕事に向かっているのですね。

私たちの生活の中にも締切があります。算数の時間の「10分間で問題を解きましょう」とか、国語の時間の「何時何分までに作文を仕上げましょう」なども、1つの締切ですね。ちょっと油断していると、締切の時間に間に合わなくなってしまうことがよくあります。

どんなことにも締切があると思って、普段から時間をむだにしないで生活したいものですね。

【参考文献】

・月刊「致知」編集長 藤尾秀昭『一流たちの金言』(致知出版社)

January 1

当番活動を誠実に行うことの大切さを伝えたい場面で

対象 低学年 中学年 高学年

January 1

目立たない仕事こそ誠実に行う

今日は、当番活動をするときにどんな心構えで取り組むとよいのかを、皆さんと考えてみたいと思います。

当番の仕事にもいろいろあります。給食当番ならば、配膳台を準備したり、牛乳を配ったり、おかずを盛りつけたりする仕事があります。清掃当番なら、そもそも教室とか体育館とか場所が違いますし、そこで床を拭いたりゴミを集めたりする仕事があります。その中には、簡単な仕事もあれば大変な仕事もあります。やりたくなるような仕事もあればできればやりたくないと思うような仕事もあります。

大変な仕事ややりたくない仕事の担当になったとき、どのような心構えで取り組むと自分のためになり、学級や学校のためにもなるのでしょうか。

江戸時代に多くの貧しい村を立て直した二宮尊徳という人に、こんな逸話があります。

たくさんの人が働く中に、年寄りであまり仕事ができない人がいました。それでも、この老人は他の人が休けいしているときも、木の株を取り除く仕事を喜んでやっていました。尊徳はこの老人に、あなたはだれもやりたがらない仕事を村のためだけを考えて誠実にやっていた、そんな人にこそ褒美を与えたいと言って、最高の賃金を与えたそうです。

木の株を取り除く仕事は、骨の折れる仕事で、目立たない仕事です。だれも進んでその仕事をやりたいとは思わなかったのでしょう。しかし、この老人はその仕事に喜んで取り組んでいたのだと思います。他の人よりも仕事ができませんから、時間がかかります。それで他の人が休けいしている間も仕事をしていたのではないでしょうか。尊徳は、そのように仕事に取り組む老人のすばらしさを認めていたのですね。

だれもやりたがらない目立たない仕事にも、学校のためを考えて真面目に一生懸命に取り組むと、まわりの人が必ず認めてくれます。それが自分のためになり、学級や学校のためにもなるのではないかと思います。毎日ある当番活動ですが、どんな心構えで取り組むとよいかを考えながらできるといいですね。

【参考文献】

・内村鑑三『代表的日本人』（ＰＨＰ研究所）

January 1

改めて食に対する関心を高めたい場面で

対象 低学年 中学年 高学年

January 1

一つの料理にも、裏には多くの思いがある

来週は給食週間です。給食週間の目的は、食べ物や食べることについて、正しく知るということと、健康な食べ方やマナーを身につけることです。また、給食に関わっている方に感謝することも大事ですね。

私たちは毎日食事をしていますが、食べ物や食べる習慣については意外に知らなかったり、身についていなかったりするものです。例えば、**給食で出される魚のもともとの姿、ご飯と味噌汁を置く場所、お椀やお箸の正しい持ち方など、自信をもって言えたりできたりする人は少ない**のではないでしょうか。食事は1年間毎日のことですから、食べることの大切さについて改めて考えてみたいですね。

ところで、皆さんはインスタントラーメンやカップラーメンを食べたことがありますか？　たぶん、ほとんどの人が食べたことがあると思います。

このインスタントラーメンを世界ではじめてつくったのは、安藤さんという日本人です。安藤さんは、戦争が終わってすぐのころ食べ物が少なかった時代に、ラーメンの屋台で、寒い中幸せそうにラーメンを食べる人を見ました。そして、住むところも衣服も大事だが、何といっても食べ物が一番大事だと考え、すべての仕事を投げうって、インスタントラーメンの開発を始めました。自宅の庭に小屋をつくり、1年間1日も休まずに、朝5時から夜中の2時まで試作品をつくり続け、ついに完成したのです。

私たちが何気なく食べているインスタントラーメンには、安藤さんの思いと大変な努力があるということです。

こんなふうに、**1つの食品、1つの料理にも、その裏側には多くの思いや歴史がある**のです。そう考えれば、給食をはじめとして、毎日食べている食事をおろそかにせず、感謝して大事にいただくことが大切だということがわかると思います。

給食週間をよい機会として、食について考えてみましょう。

【参考文献】

・安藤百福発明記念館『転んでもただでは起きるな！』（中央公論新社）

January 1

学年という大きな視点で今後を考えさせたい場面で

対象 低学年 中学年 高学年

January 1

大きな視点から物事を見る

1月は新しい年の始まりの月ですね。学校の新学期は4月ですから、学校では1月はまだ途中なのですが、新しい年の始まりということで、1年間の目標を立てたり見通しをもったりすることがあると思います。そういう意味では、1月は3学期という少し短い期間について考えてみると同時に、1年間という長い期間についても考えてみることができる、特別な月ということができます。

私たちは、**特別に意識していない限り、まず目の前のことを意識してしまうもの**です。皆さんは今、私の話を聞いていますが、もしも机の上に餅つきをしている写真が置いてあったら、そっちの方が気になると思います。同じように、1月とか3学期とかの身近な目標を考えることはできても、1年間の目標になると特別に意識しないと考えることはなかなかできません。

でも、そういう大きな目標を見ていないと、迷ったときにどうしたらよいかわからなくなってしまうことがあります。**大きな視点で見たり考えたりするのも大事なこと**です。

鎌倉時代の青砥藤綱という武士にこんな話があります。ある日、家来を連れて川のほとりを歩いていたとき、お金を10文、川に落としてしまいました。探しているうち暗くなったので、50文でたいまつを買ってこさせ、やっと探しました。なぜ、10文を探すために50文も使ったのでしょうか。青砥藤綱は家来に、10文を拾わないと天下から10文が消えるが、50文を使っても、その50文は町の人のものになったのだと言ったそうです。

自分のお金という小さく狭い範囲で考えれば、青砥藤綱の行動は愚かなことですが、世の中全体のことを考えれば、筋道が通っていますね。世の中全体という大きな視点で考えたので、迷わずに50文を使って10文を探せたのではないかと思います。

このように、**大きな目標から考えたり、大きな視点に立って見たりすることは、今どうしたらよいかを判断するときの材料の一つになるもの**です。1月はそういうことができるよい機会ですから、大きな視点から考えるきっかけにしてみませんか。

【参考文献】

・森田健司『なぜ名経営者は石田梅岩に学ぶのか？』（ディスカヴァー・トゥエンティワン）

学ぶことの意義について考えさせたい場面で

やり抜く力を身につける

対象 低学年 中学年 高学年

February 2

皆さんは、毎日学校で勉強をしています。学校に通っている間は、勉強することが皆さんの生活の中心になっているわけですね。

ところで皆さん、勉強は何のためにするのでしょうか。ちょっと考えてみてください。

いろいろなことを知ったり覚えたりするのも勉強ですね。漢字を覚えるのも勉強ですし、地図の記号を覚えるのも勉強です。それから、何かができるようになることも勉強ですね。わり算ができるようになったり、ミシンが使えるようになったりすることも勉強です。また、自分でいろいろと考えたり見つけたりすることも勉強ですね。

でも、実は皆さんが勉強をする目的は、これだけではありません。今、言ったようなことは勉強の大事な目的ですが、その他に、**勉強を通してやり抜く力とか耐える力とかを身につけるのも大事なこと**です。勉強は、楽しいと思うときもありますが、面倒で大変だなと思うときもありますね。そんなときでも、勉強はしなければなりません。そういう勉強を通して、やり抜く力や耐える力が身につくのです。

江戸時代に勝海舟という立派な人がいました。子どものころ、外国の本を読むためにどうしてもオランダ語の辞書がほしかったのですが、貧しくて買えませんでした。そこで、勝海舟は、知り合いの医者に辞書を借り、それを写すことを決意します。そして、ふとんもない貧しい生活の中で、1年もかけて辞書を2冊写したそうです。

皆さんも国語辞典を見たことがあると思います。たとえ辞典がほしくても、その辞典をノートに全部写そうとは、普通考えもしません。大変な作業ですからね。それを勝海舟はやり抜いたわけです。そういう力をもともともっていたのかもしれませんが、辞書を写したことで、その力がさらに強くなったのではないかと思います。

勉強は大変なこともありますが、それをやり抜くことで、いろいろなことを知ることができるほかに、耐えてやり抜く力も身につきます。勉強をするときには、そんなことも考えながら、取り組んでみてください。

【参考文献】

・長山靖生『「修身」教科書に学ぶ偉い人の話』（中央公論新社）

ひと言の重み

皆さんの中で、今まで友達と一度もけんかをしたこともないし、気まずくなったこともないという人がいるでしょうか。何人かはいるかもしれませんが、ほとんどの人は、一度や二度はそういった経験があるのではないかと思います。

そのときのことを思い出してみましょう。けんかになってしまったり、嫌な気分になってしまったりしたきっかけは、友達からのひと言だったのではないでしょうか。友達が言ったひと言でけんかになったり嫌な気分になったりしたのだと思います。

私たちは仲がよくなればよくなるほど、心の中に油断が生まれてしまうものです。そうすると、いつもなら友達が気にするような言葉は気をつけて言わないようにしているのに、つい気がゆるんで言ってしまうことがあります。**たったひと言ですが、そのひと言が友達に嫌な思いをさせてしまう**のですね。

でも、これとは反対に、友達のひと言でうれしくなったり、気が晴れたりしたこともあるのではないでしょうか。ということは、どんなひと言を友達に言うかで、友達との関係がよくもなるし悪くもなるということです。

これはイタリアで暮らしているMさんという方のお話です。必要な書類があったので役所に行ったのですが、最初は長く待たされたうえに書類がもらえず、もう一度行ったときは、書類はもらえたものの4時間近く待たされたそうです。でも、最後の最後に係の人がMさんのネックレスを「かわいい」とほめてくれたのを聞き、許せる気になったそうです。おもしろいと思いませんか？　役所には2回も行かなければならなかったし、どちらも長い時間待たされているので、そのままだったら、文句の1つも言いたくなると思います。でも、最後にひと言ネックレスをほめられただけで、許せる気になったのです。

こんなふうに、**人の気持ちはひと言で大きく変わってしまう**ことがあります。友達にどんなひと言をかけているかを考えてみましょう。友達がいい気分になるようにひと言をかけることができたら、友達関係がもっとよくなると思いますよ。

【参考文献】

・金平敬之助『ひと言の奇跡』（ＰＨＰ研究所）

友達とのつき合い方について考えさせたい場面で

対象 低学年 中学年 高学年

February 2

自分のことよりも相手のこと

あと1か月と少しで新しい学年になりますね。このクラスともお別れになってしまいます。せっかく仲良くなった友達と別々のクラスになってしまうかもしれません。そう考えると、さびしくなってしまう人もいると思います。

そこで今日は、残り少ない3学期を、友達と仲良く過ごすことができるよう、友達とのつき合い方について少し考えてみましょう。

今までに何度か話していますが、友達と仲良くしたかったら、友達になってほしいと思うような友達に自分がなることですね。皆さんはどんな人に友達になってほしいですか？いろいろな考えがあると思いますが、**自分のことよりも相手のことを考えてくれるような人も、友達になってほしいと思う人の1人**ではないかと思います。

ある男の人のお話ですが、この人は体を鍛えれば裸で過ごせると考えて、1年中下着1

枚で過ごしていたそうです。そこで、ある冬の日に、１人の新聞記者さんが取材に行ったそうです。すると、その男性がストーブを持って出てきたので、家ではストーブをつけているのかと聞くと、記者のためのストーブだと言います。そこで記者が、みんなに誤解されるかもしれませんよと言うと、そんなことはどうでもいいことだと言ったそうです。

この男性は、まわりの人から自分がウソをついているとかごまかしているとかと言われるかもしれないということなど、気にしなかったのです。それよりも、取材に来た記者が寒かったらかわいそうだと思ったのですね。

自分のことよりも相手のことを先に。自分が少しくらい迷惑しても相手の人のためになることを。**こういうことも思いやりの一つ**だと思います。そんな人だったら友達になりたいと思いませんか？

皆さんも、自分のことよりも相手のことをまず考えて行動できるといいですね。そうすれば、残りの時間を友達とより楽しく過ごせるのではないでしょうか。

【参考文献】

・斎藤一人、高津りえ『品をあげる人がやっていること』（サンマーク出版）

勉強を続けると必ず後で伸びると伝えたい場面で

対象 低学年 中学年 高学年

February 2

続けていれば後から伸びる

皆さんの中には、漢字がなかなか書けるようにならなくて困っていたり、算数が苦手で計算のやり方などがわからずに困っていたりする人がいるかもしれません。そういう人は、漢字ドリルをやったり計算ドリルをやったりして、できるようになるためにがんばっていることでしょう。

でも、ドリルをやっても、すぐに漢字が書けるようになるわけではありませんし、計算ができるようになるわけでもありません。それで、がっかりして、勉強をするのが嫌になってしまう人もいるかもしれませんね。

それでは、どうしたらよいのでしょうか。

実は、**勉強もサッカーやピアノと同じように、上手になるまでに時間がかかる**のです。

ピアノで難しいフレーズを練習するとします。少しやっただけでは弾けるようにはなりませんね。何回も練習しなければいけません。

勉強も同じで、練習を続けていると、それまでできなかったことがあるときふいにできるようになるのです。そのためには、それまでの積み重ねが必要なのです。

これは竹の話ですが、竹の種が芽を出すまでには4年間くらいかかるのだそうです。ところが、5年目にようやく地上に芽を出すと、数週間で30mくらいまで伸びるそうです。どうして短い時間にそんなに伸びることができるのでしょうか。それは、芽を出す前に地下で根をたくさん伸ばしていて、その根で支えることができるからだそうです。

竹は大きく伸びるための準備を、地上に芽が出る前に何年もかけてやっているということですね。その準備があるので、芽が出てからどんどん伸びることができるのです。

竹と同じように、**勉強も習い事も、伸びるための準備が必要**なのです。ドリルをがんばってやるのはとてもよいことです。竹と同じように、なかなか芽は出ませんが、毎日やることで根っこを伸ばすことができます。根っこが十分に伸びると、芽が出てからぐんぐん伸びていきます。そこまでがんばってみましょう。

【参考文献】

・アレクサンダー・ロックハート『自分を磨く方法』（ディスカヴァー・トゥエンティワン）

漢字練習や計算練習に地道に取り組ませたい場面で

対象 低学年 中学年 高学年

February 2

面倒くさいと思ったときがチャンス

毎日の宿題をするときに、「面倒くさいなぁ」と思う人がいるかもしれませんね。特に漢字の練習とか計算の練習とかの宿題は、同じようなことを何回も何回も地道にやらなければなりませんから、余計に面倒だと感じるかもしれません。

面倒くさいと思うと、その瞬間にやる気がなくなるのではないでしょうか。そうして、適当にやってしまったり、正しいかどうか確認をしないで書いてしまったり、乱暴に書いてしまったりして、せっかく時間をかけて宿題をやっても、身につくことが少ないのではないかと思います。

面倒くさいと思ってしまうのは仕方ないことだと思いますが、**面倒だなと思ったときに、実はそれがチャンスなんだと思えたら、その後の宿題のやり方に違いが出てくる**と思います。そんなお話をしたいと思います。

これはある日本料理のお店のお話です。そこのお店では、メインの料理以外の料理もとても丁寧で、美しくおいしいのだそうです。でも、あまりにも手間がかかり過ぎるのではないかと思って、料理人さんに質問をしてみると、面倒くさいと思ったときにさらに手間をかける、という答えが返ってきたそうです。そしてさらに、そのおかげでお店が繁盛しているのだと、教えてくれたそうです。

すごい料理人さんですね。面倒くさいと思うときというのは、はっきり言って手抜きをしたいときだと思います。面倒だから手を抜きたい、しかし、そのとき手を抜かないで料理をつくることができれば、いつも以上の料理ができる可能性があるわけです。そこで、面倒くさいと思ったときにさらに手間をかけるのだと決めることで、面倒くさいことをチャンスに変えているのですね。

皆さんも「これをやるのは面倒くさいな」と思うことが、漢字の練習や計算の練習以外にもいろいろあると思います。そんなとき、**「これは一つのチャンスだ」と考え直して、もうひと手間をかけるつもりで取り組んでみる**のはいかがでしょうか。

【参考文献】

・本田健『強運の法則』（ＰＨＰ研究所）

写真よりも記憶の方がよいこともあると伝えたい場面で

写真よりも頭の中に残す

対象 低学年 中学年 高学年

February 2

もう2月になりましたね。なんだかあっという間に1年間が過ぎてしまうような気がします。皆さんにも、たくさんの思い出ができたことでしょう。

最近はデジタルカメラがだれにでも使えるようになったので、写真を撮る機会も多いと思います。皆さんも自分のタブレットを使って、授業でたくさんの写真を撮ったと思います。家族で出かけたときにも、写真をたくさん撮ったでしょう。後から写真を見ると、そのときの様子とか楽しかったことなどが思い出されて、いいものですよね。

ところで、思い出に残すというと、写真を撮るのが簡単でいいもののように思えますが、実は写真を撮らない方がいいこともあるのです。写真を撮らないで思い出を残すにはどうするかというと、その場の様子をよく見て、細かなところまで頭に入れてしまうのです。

つまり**覚えてしまう**ということです。

『となりのトトロ』などの作者であり、映画監督でもある宮崎駿さんを、皆さんも知っていると思います。あるとき、宮崎さんはアイルランドの小さな島に旅行に行きました。夜、食事をして泊まっている民宿まで歩いて帰ってくると、屋根の上のカラスが一斉に飛び立ちました。宮崎さんは、写真を撮る友達を、気が散るからやめろと叱り、5、6分間じっとその景色を見ていたそうです。そのシーンは後に『魔女の宅急便』に登場します。思い出せないところは想像で描くので、オリジナルの絵ができるのだそうです。

写真はその場の様子を正確に残すことができますから、とても便利です。でも、正確に残ってしまうからこそ、その人の思いが入り込むことができません。**思い出というのは、その人の思いが入っているから思い出**なのです。その場の様子をじっと見て覚えるようにすれば、後で思い出したときに、自分の思いが入った場面として思い出されます。それが本当の思い出と言えるのではないかと思います。

写真で見るのもいいものですが、ときどきは自分の頭の中に思い出として残して、後で思い出して見てみるのもよいものではないでしょうか。

【参考文献】

・鈴木敏夫『ジブリの哲学』(岩波書店)

対象
低学年
中学年
高学年

February 2

元気を出してもうひとがんばりする方法を伝えたい場面で

ハイパワーポーズで自信をアップする

毎日が楽しくて元気いっぱいに過ごせることが理想ですが、現実にはそうはいきませんね。何か心配事があったり、嫌なことがあったりして、元気になれない日もあると思います。また、そういう理由がなくても、朝からなんとなく気持ちが落ち込んでいて、晴れ晴れしない日もあるものです。

そんなときに、元気が出るよいアイデアがあるといいですね。これをすると元気になれるというものです。

例えば、おいしいものを食べるとか、ゲームに熱中してみるとか、大好きな音楽を聞くとか、仲良しの友達とおしゃべりをするとか、お気に入りのアニメを見るとかです。

でも、そういうものは効果があるかもしれませんが、時間も手間もお金もかかりますね。相手がいないとできないものもあります。実は、そうではなくて、**いつでも手軽にさっと**

できるものがあるのです。

マラソンで1位でゴールする人がよく両手をあげますが、あのポーズのような力強いポーズを2分間取ると、体の中の様子や脳の状態が変化するのだそうです。両足を開いて立ち、手を腰に当てて胸を開くようなポーズを取ると、自信がアップしてストレスが減るという実験結果もあるそうです。このようなポーズを「ハイパワーポーズ」と言ったりするそうで、この効果は20分間くらい続くそうです。

このようなポーズを2分間取るだけで、自信がアップしてストレスが減るのだとしたら、これを利用するといいですよね。なんとなく今日は元気になれないなと思ったら、家を出る前にハイパワーポーズを2分間やってみましょう。また、これから発表会があるとか、大事な試合があるとか、テストがあるとか、**何か緊張しそうなことがあったら、その前に2分間のハイパワーポーズをしてみるとよい**のではないでしょうか。

毎日生活をしていると、時には気分が落ち込んで元気がなくなるときがあります。そんなときにハイパワーポーズをぜひ試してみてください。

【参考文献】

・晴香葉子『小さなことに落ち込まない　こころの使い方』（青春出版社）

対象
低学年
中学年
高学年

March 3

感謝に気づき感謝を表すことの大切さを伝えたい場面で

感謝することは自分のためになる

私たちが毎日生活をすることができるのは、考えてみると、たくさんの方のお世話があるからですね。

例えば、皆さんが着ている服は、だれかが原料を用意して、だれかがそれを工場に運んでくれて、だれかが組み立てた機械で、だれかが原料から服をつくって、その服をだれかがお店に運んで、そのお店に皆さんの家の人の車で行って、家の人が働いたお金で買ってくるわけです。服一着にも、たくさんの方の協力があるわけですね。ですから、ときどきは、そのような人に感謝の気持ちをもって生活をするとよいのではないかと思います。

ところで、感謝をするのは相手のためだと思うかもしれませんが、実は感謝は自分のためでもあります。皆さんも、だれかに感謝されると気分がよくなって、その人のためにまた何かやってあげようと思うのではありませんか？　**感謝の気持ちを伝えることで、自分**

にとってよいことがまた起きるのです。

ホンダという自動車の会社があります。この会社を始めた本田宗一郎さんは、あるとき、会社で働く人全員にお礼を言おうと思い立ち、全国の工場やお店を全部回りました。そして全員と握手をして、「ありがとう」と声をかけたのです。中には工場で働いていて手が汚れている人もいましたが、本田さんはそういう手がいいんだと喜んで握手したそうです。

自分が勤めている会社をつくったすごい人が、わざわざ握手をしに来て声をかけてくれるのですから、働いている人は気分がよくなって、もっとがんばって働こうと思ったことでしょう。こんなふうに、感謝の気持ちを伝えることで、相手の人の気持ちがよくなって、それが自分のためにもなるのです。

1年がもうすぐ終わろうとする3月です。1年間を振り返ってみると、たくさんの人にお世話になったことが思い出されると思います。**そういう人に感謝の気持ちを伝えることで、皆さんの生活もますますよくなっていく**と思いますよ。

【参考文献】
・西沢泰生『小さな幸せに気づかせてくれる33の物語と90の名言』（かんき出版）

March 3

March 3

対象
低学年
中学年
高学年

この1年間の生活に感謝の気持ちをもたせたい場面で

当たり前を当たり前だと思わない

4月に始まったこの1年間も、そろそろ終わりですね。この1年間を思い出すと、いろいろなことがありました。ちょっと目を閉じて、どんなことがあったか思い出してみましょう（1年間の大まかな行事や学習内容を書き出しておくと振り返りやすくなります）。

目を開きましょう。

いかがですか？　どんなことが思い浮かびましたか？　それぞれに印象に残ったことに違いはあると思いますが、いくつもの場面が思い浮かんだことと思います。それらを通して、皆さんはたくさんの体験をし、確かに成長をしてきたと思います。自分で努力して成長したこともあるでしょうし、だれかのおかげで成長したということもあるでしょう。

そこで、**1年間を振り返るこの時期に、自分を成長させてくれたいろいろなことに感謝してみる**のはどうでしょうか。

これは『日本書紀』という日本の古い本に載っている有名なお話です。そのときの天皇であった仁徳天皇は、ある日、家々からご飯を炊くための煙が上がっていないことに気がつきます。天皇はすぐに、人々がご飯も炊けないほど困っていることに気づき、人々から税を取らないことにしました。これを3年間続け、やがて人々の家からご飯を炊く煙が出るようになったことを知り、たいそう喜んだそうです。

そのころは、人々が天皇のために税を納めることは当たり前のことでした。しかし、天皇はそれを当たり前だと考えず、それまでの人々の行いに感謝し、税を取らないことにしたのです。

私たちは、特別なことには感謝をしますが、何でもないことや当たり前のことには感謝を忘れてしまいがちです。でも、**どんなことでも当たり前だと思わないで見直してみると、ありがたいことがたくさん隠れていることに気がつきます。**当たり前だと思わずに感謝する心をもって、1年間を振り返りたいものですね。

【参考文献】
・門田隆将、髙山正之『世界を震撼させた日本人』（ＳＢクリエイティブ）

March 3

March 3

対象 低学年 中学年 高学年

成長を自覚し天性を伸ばすことを意識させたい場面で

もって生まれた力を伸ばす

1年間が間もなく終わろうとしています。この1年間を振り返ってみましょう。皆さんは1年前と比べていろいろなところが成長したと思います。

身長が伸びた人もいるでしょうし、体重が増えた人もいるでしょう。

走るのが速くなった人、跳び箱の跳べる段数が増えた人もいるでしょう。

学習面でも、知らなかったことをたくさん知ることができたでしょうし、今までできなかった計算ができたり、書けなかった漢字が書けるようになった人も多いと思います。

ところで、どうしてそのように成長することができたのでしょうか。皆さんの努力のおかげと思うかもしれませんが、振り返ってみて、そんなに努力をしたようには感じない人が多いのではないでしょうか。

皆さんが成長できたのは、生まれつきもっている力のおかげではないかと思います。ももともっていた力があったから成長できたのですね。でも、この力だけではいつまでも成長することはできません。**この力は伸ばしていく必要がある**のです。

少し前のお話ですが、相撲の力士で魁皇という人がいました。ものすごく力の強い力士でした。中学生のころは、相撲大会に出ればほとんど優勝でした。でも、大相撲に入ってからは、怪力があっても勝ったり負けたりで、なかなか安定しませんでした。でも、あるときけがをしてしまい、そのけがを治療するためのトレーニングで、筋肉のバランスがよくなったそうです。その後は安定して勝てるようになり、ついに大関にまでなることができたということです。

もって生まれた怪力という才能だけでは勝つことができなかった魁皇ですが、その怪力をバランスよく伸ばすことで勝てるようになったのです。

皆さんにはだれにでも、生まれながらの才能があります。**どんな才能か、どのくらいの才能かは人それぞれですが、必ずあります。**その才能を伸ばしていくことで、皆さんはますます成長していくことができます。才能を伸ばしていく人になってください。

【参考文献】
・魁皇博之『怪力　魁皇博之自伝』（ベースボール・マガジン社）

March 3

3月をスタートと考え次学年につなげさせたい場面で

今、ここがスタート

対象 低学年 中学年 高学年

March 3

いつの間にか3月になりましたね。教科書のページも最後に近づいてきていますし、学校の行事も卒業式や修了式があって、皆さんも、1年間の締め括りの時期になったのだなぁと思うことがあるのではないかと思います。3月は学校生活での1年間が終わる月でもありますね。

ところで、恩田陸さんの『ピクニック』という小説の中に、「何かの終わりは、いつだって何かの始まりなのだ」という言葉が出てきます。物事には必ず始まりがあって終わりがあるものですが、1月の終わりは2月の始まりでもあるし、1年の終わりは次の1年の始まりでもあるというように、何かが終わるということは、別の何かが始まるということでもあるのではないでしょうか。

そう考えると、3月は終わりの時期でもあり、また次の新しい学年がスタートする時期でもあると言えます。**自分の次の目標に向かってスタートするのは、いつでも、今ここからだということですね。**

アメリカのあるところに貧しいお百姓さんがいました。土地が荒れていて作物もよく育たないので、土地を売ってダイヤモンドを探しに行くことにしました。しかし、夢はかなわず結局無一文になってしまいます。ところが、その荒れた土地を買った人は、その土地の小川でダイヤモンドを見つけます。やがて、その土地全体に多くのダイヤモンドがあることがわかり、莫大な富を手に入れたそうです。

ダイヤモンドを手に入れたいと思ったら、遠くに出かけていく前に、まず自分の足下を掘ってみることが必要なのだと思います。私たちは「将来ああなるといいなぁ、こうなったらいいなぁ」と考えます。しかし、将来の夢がどんなものだとしても、今ここから出発しなければなりません。**いつだって、今がスタート**だということです。

今ここで、皆さん自身のダイヤモンドを掘り当て、そこから将来の夢に向かってスタートを切ってほしいと思います。

【参考文献】
・デニス・キンブロ、ナポレオン・ヒル『思考は現実化する　あきらめなかった人々』（きこ書房）

チャンスは突然やってくる

皆さんには将来の夢が何かありますか？　こんな仕事に就いてみたいとか、こんなことをしてみたいとか、こんな人になってみたいとか、そういう夢です。

夢を実現するためには何が必要でしょうか。夢を実現するには、学んだり練習したりして、夢につながるような知識や技術を高めていくことが必要ですね。でも、それだけではなかなか夢はかなえられません。夢をかなえるにはもう1つ必要なものがあります。

それは、チャンスです。夢の実現につながるような知識や技術が身についていても、チャンスに恵まれないとなかなか夢はかなわないのです。でも、心配はいりません。チャンスはだれにでもやってきます。ただし、**そのチャンスがいつやってくるかはわかりません。**別の言い方をすると、チャンスは突然やってきます。皆さんが予想もしていないときにやってきます。そのチャンスを生かせる人が、夢を実現できるのです。

突然やってくるチャンスを生かすには、いつでもどこでも、つまり日頃から常に、準備をしておくことが必要です。毎日の勉強や練習を欠かさないということですね。

昔、有名な俳優でチャップリンという人がいました。ちょび髭にステッキと帽子、だぶだぶのズボン、写真を見れば知っている人も多いと思います。チャップリンは小さいときから貧しく、小学生くらいでいろいろな仕事を経験しました。でも、俳優になるという目標を忘れず、そのころから俳優事務所を訪ね歩き、やがて小さな舞台に出るようになります。そして17歳のとき、当時人気のコメディアンの相手役に選ばれました。そのときチャップリンは、「必要なのはチャンスだけ」と言ったそうです。

チャップリンにしてみれば、日頃から俳優として舞台に立つための知識や技術は準備できていたというわけでしょう。だから、突然のチャンスを生かすことができたのです。

皆さんにはこれから長い将来が待っています。自分の夢を実現するチャンスが必ずめぐってきます。そのときに、**そのチャンスをつかんで生かすことができるよう、毎日の勉強や練習を忘れず、準備をしておくといいですよ。**

【参考文献】
・真山知幸『君の歳にあの偉人は何を語ったか』（講談社）

愛校心をもつ

そろそろ○年生も終わりの時期が近づいてきました。1年間を振り返って、皆さんはたくさんの思い出をつくることができたと思います。その思い出のほとんどが、教室や校庭をはじめとして、この学校のどこかでのことでしょう。そう考えると、この学校への親しみがより強くなったのではないかと思います。

学校にそういう気持ちをもつことを「愛校心をもつ」といいます。学校を愛する心をもつという意味ですね。**学校に親しみを感じたり、学校を大事に思ったり、学校のために何かできることをしようと思ったりすること**です。1年が終わるこの時期に、皆さんに愛校心について改めて考えてみてほしいと思います。

ところで、愛校心という言葉と似ている言葉で「愛国心」という言葉があります。これは国を愛する心のことです。国を愛する「愛国」という言葉にはこんなエピソードがあります。

663年に起きた「白村江の戦い」で、唐の捕虜としてつかまった博麻という人物がいました。唐で暮らしているうちに、あるとき、唐が日本を攻めようとしているという情報を知ります。日本に帰ってこのことを知らせようと仲間と相談しましたが、帰るためのお金がありません。そこで博麻は、自分のことを奴隷として売って、そのお金で仲間を日本に帰したのです。

30年後に奇跡的に日本に帰った博麻に、持統天皇から感謝のお言葉があり、その中で「愛国」という表現がはじめて使われたそうです。国を救うために、自分のことを奴隷として売ろうとするのですから、そこには国に対する大変強い思いがあったのでしょう。

博麻のように自分のことを犠牲にするというのはなかなかできるものではありませんが、**そういう気持ちをもって、学校のことを親しく思ったり大事に思ったりする**ことはできるのではないかと思います。1年間お世話になった学校に、そういう気持ちをもつことができたらいいですね。


【参考文献】
・占部賢志『語り継ぎたい　美しい日本人の物語』(致知出版社)

おわりに

教職に就いて20年ほど経ったころ、あることをきっかけとして保護者と大きなトラブルになってしまったことがありました。話し合いの場で十数人の保護者から非難され、子どもたちの何人かは保健室登校をするようになり、毎日のように数人の保護者が教室にやってきて私を監視するという状況でした。

正直、教職を辞したいと思うほどでしたが、何度も放課後の教室に足を運んで励ましてくれた校長先生と、ひと言も文句を言わずに愚痴と酒につき合ってくれた妻のおかげで、何とか続けることができていました。

その時期、私は毎晩、ネットの情報を読んだり本を読んだりして、自分を励ましてくれるエピソードや心の支えとなる言葉を探し、繰り返し読んでは自分で自分を励まし勇気づけていました。

やがて子どもたちは教室に戻り、保護者が教室に監視に来ることもなくなり、最終的には保護者の信頼を回復することができました。

このことを通して、私はエピソードが人を勇気づける大きな力をもっていることを、身をもって体験しました。そこから、私は人を勇気づけるエピソードを集め始めたのです。ネット上には数多くのエピソードがありました。出典が示されていれば、その本を読み、ラジオやテレビの再放送を探して視聴し、講演テープを聴き、講演会に出かけました。

あるとき、私は集めたエピソードのいくつかを先生方に紹介してみました。すると、それを聞いた先生方の多くが感動してくれました。私はますますエピソードの力を信じるようになり、その後も多くのエピソードを集め、さらにエピソードトークを学んで、自分でエピソードを語るようにもなりました。やがてその実践は『やさしい言葉が心に響く小学校長のための珠玉の式辞&講話集』『思春期の心に響く中学・高等学校長のための珠玉の式辞&講話集』（いずれも明治図書）などの本につながりました。

本書もその元をたどれば、あのときの大きなトラブルがきっかけであり、それを乗り越えたことで実を結んだものです。今、改めて深い感慨を覚えています。

2024年4月

山中伸之

【著者紹介】

山中　伸之（やまなか　のぶゆき）

1958年栃木県生まれ。宇都宮大学教育学部卒業。現在栃木県公立小学校に勤務。

●研究分野

国語教育，道徳教育，学級経営，語りの教育

日本教育技術学会会員，日本言語技術教育学会会員

日本群読教育の会常任委員，「実感道徳研究会」会長

●著書

『今日からできる　学級引き締め＆立て直し術』『話し合いができるクラスのつくり方』『やさしい言葉が心に響く　小学校長のための珠玉の式辞＆講話集』『思春期の心に響く　中学・高等学校長のための珠玉の式辞＆講話集』『中学校教師のためのポジティブ言葉かけ大全』（以上，明治図書），『キーワードでひく小学校通知表所見辞典』（さくら社），『話し下手でも大丈夫！教師のうまい話し方』（学陽書房）他多数。

クラスがみるみる落ち着く　１分間の「教室語り」100

2024年６月初版第１刷刊　©著　者　山　中　伸　之
2024年10月初版第２刷刊　発行者　藤　原　光　政
発行所　明治図書出版株式会社
http://www.meijitosho.co.jp
（企画）矢口郁雄（校正）大内奈々子
〒114-0023　東京都北区滝野川7-46-1
振替00160-5-151318　電話03（5907）6701
ご注文窓口　電話03（5907）6668

＊検印省略　組版所　株　式　会　社　カ　シ　ヨ

本書の無断コピーは，著作権・出版権にふれます。ご注意ください。

Printed in Japan　ISBN978-4-18-373922-3

もれなくクーポンがもらえる！読者アンケートはこちらから
→

明治図書　携帯・スマートフォンからは **明治図書 ONLINE へ** 書籍の検索、注文ができます。▶▶▶

http://www.meijitosho.co.jp

〒114−0023　東京都北区滝野川７−46−１　ご注文窓口　TEL 03−5907−6668　FAX 050−3156−2790

「主体的な学習者」を育む
先端的な方法と実践

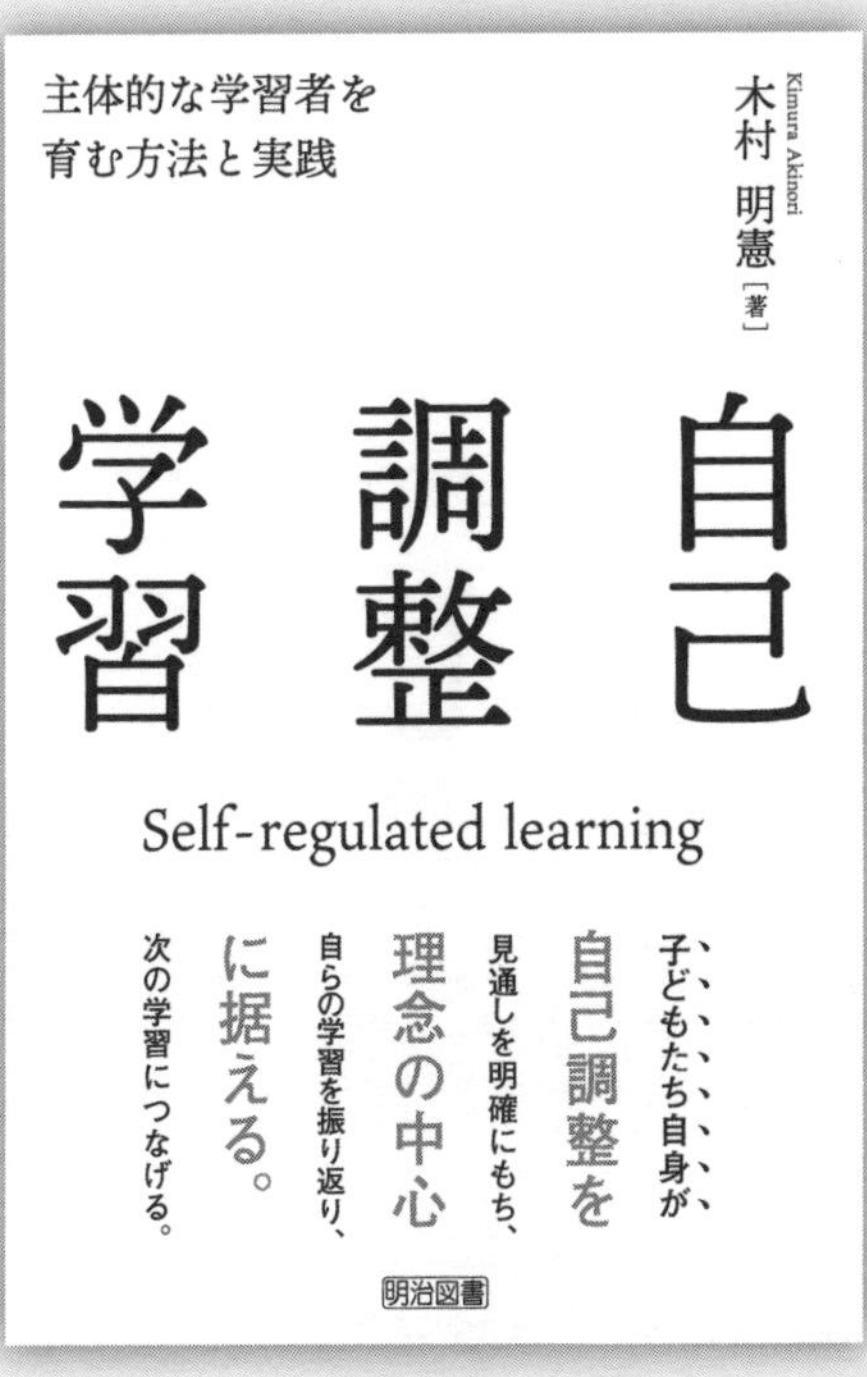

木村 明憲
［著］

これからの学校教育における最重要キーワードの1つ「自己調整学習」について、その具体的な方法と実践をまとめた1冊。自己調整のスキルと、学習を調整して学ぶプロセスを、3つのフェーズに沿って解説しています。海外における先進的な実践も紹介。

192ページ／四六判／定価 2,156 円(10%税込)／図書番号:2134

明治図書　携帯・スマートフォンからは **明治図書 ONLINE へ** 書籍の検索、注文ができます。▶▶▶

http://www.meijitosho.co.jp　＊4桁の図書番号で、HP、携帯での検索・注文が簡単に行えます。

〒114−0023　東京都北区滝野川7−46−1　ご注文窓口　TEL 03−5907−6668　FAX 050−3156−2790

「話し上手」「聞き上手」な先生になるための

教師版・話術の教科書

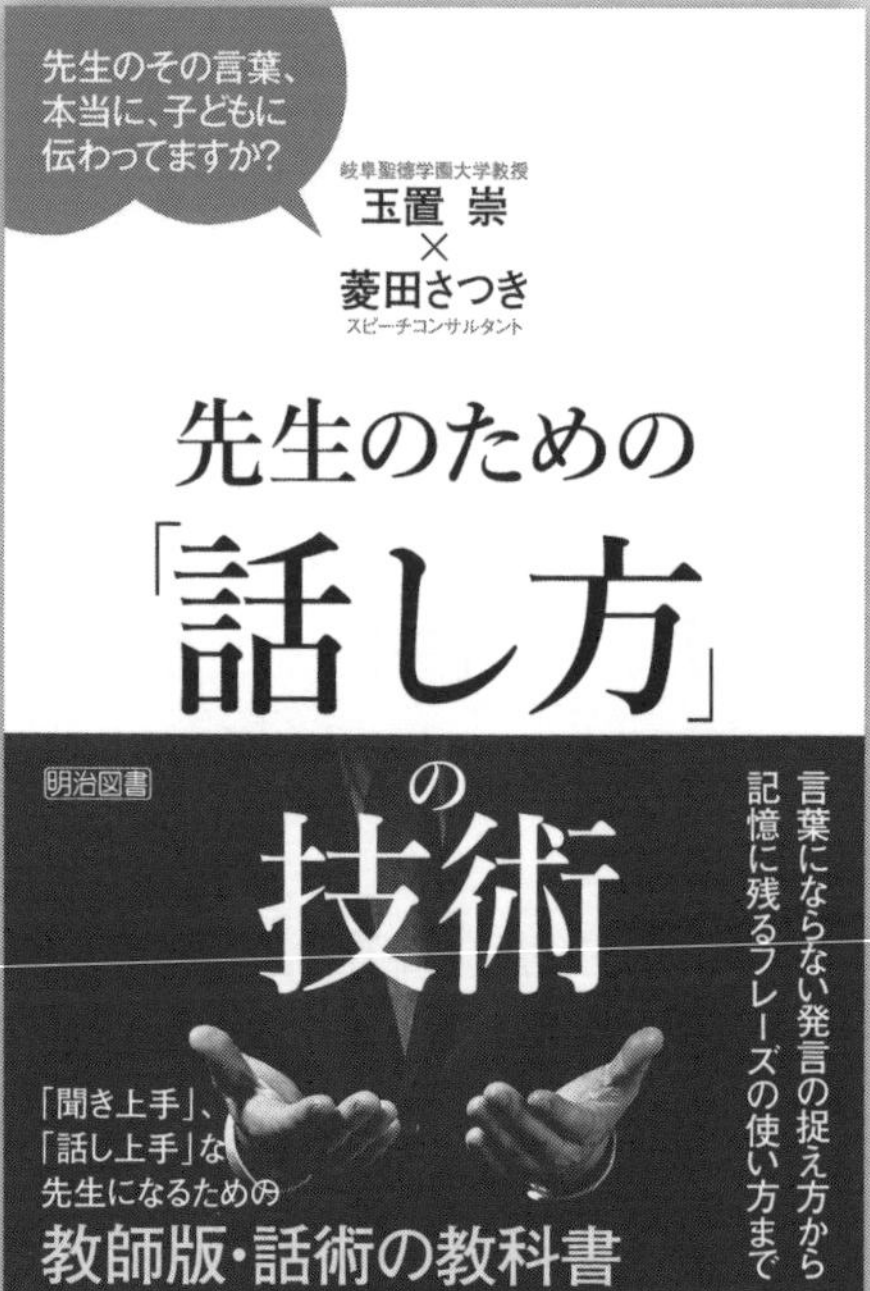

玉置 崇・菱田さつき

授業名人とスピーチコンサルタントによるスペシャルコラボ企画。話し上手・聞き上手になるための基礎基本から、記憶に残るフレーズの使い方、無駄な言葉の削り方など教室で即使える実践的なスキルまで、先生に特化した話術の教科書です。

176ページ／四六判／定価 1,980円(10%税込)／図書番号:3194

明治図書　携帯・スマートフォンからは 明治図書 ONLINE へ 書籍の検索、注文ができます。▶▶▶

http://www.meijitosho.co.jp　＊4桁の図書番号で、HP、携帯での検索・注文が簡単に行えます。

〒114－0023 東京都北区滝野川7－46－1 ご注文窓口 TEL 03－5907－6668 FAX 050－3156－2790